# SAÚDE MENTAL FORA DA CAIXA
## UM GUIA PRÁTICO PARA PROFISSIONAIS E ESTUDANTES

Editora Appris Ltda.
1.ª Edição - Copyright© 2024 dos autores
Direitos de Edição Reservados à Editora Appris Ltda.

Nenhuma parte desta obra poderá ser utilizada indevidamente, sem estar de acordo com a Lei nº 9.610/98. Se incorreções forem encontradas, serão de exclusiva responsabilidade de seus organizadores. Foi realizado o Depósito Legal na Fundação Biblioteca Nacional, de acordo com as Leis nos 10.994, de 14/12/2004, e 12.192, de 14/01/2010.

Catalogação na Fonte
Elaborado por: Dayanne Leal Souza
Bibliotecária CRB 9/2162

S255s      Saúde mental fora da caixa: um guia prático para profissionais e estudantes /
2024         Giselda Lopes Aquino Dineli (org.). – 1. ed. – Curitiba: Appris, 2024.
               94 p. ; 21 cm. (Coleção Multidisciplinaridade em Saúde e
               Humanidades).

               Inclui referências.
               ISBN 978-65-250-6308-9

               1. Psicologia. 2. Psicopatologia. 3. Doenças mentais. I. Aquino Dineli,
               Giselda Lopes. II. Título. III. Série.

                                                                          CDD – 150.7

Livro de acordo com a normalização técnica da ABNT

Editora e Livraria Appris Ltda.
Av. Manoel Ribas, 2265 – Mercês
Curitiba/PR – CEP: 80810-002
Tel. (41) 3156 - 4731
www.editoraappris.com.br

Printed in Brazil
Impresso no Brasil

Giselda Lopes Aquino Dineli
(org.)

# SAÚDE MENTAL FORA DA CAIXA
UM GUIA PRÁTICO PARA PROFISSIONAIS E ESTUDANTES

*Appris editora*

Curitiba, PR
2024

## FICHA TÉCNICA

| | |
|---|---|
| EDITORIAL | Augusto Coelho |
| | Sara C. de Andrade Coelho |
| COMITÊ EDITORIAL | Ana El Achkar (UNIVERSO/RJ) |
| | Andréa Barbosa Gouveia (UFPR) |
| | Conrado Moreira Mendes (PUC-MG) |
| | Eliete Correia dos Santos (UEPB) |
| | Fabiano Santos (UERJ/IESP) |
| | Francinete Fernandes de Sousa (UEPB) |
| | Francisco Carlos Duarte (PUCPR) |
| | Francisco de Assis (Fiam-Faam, SP, Brasil) |
| | Jacques de Lima Ferreira (UP) |
| | Juliana Reichert Assunção Tonelli (UEL) |
| | Maria Aparecida Barbosa (USP) |
| | Maria Helena Zamora (PUC-Rio) |
| | Maria Margarida de Andrade (Umack) |
| | Marilda Aparecida Behrens (PUCPR) |
| | Marli Caetano |
| | Roque Ismael da Costa Güllich (UFFS) |
| | Toni Reis (UFPR) |
| | Valdomiro de Oliveira (UFPR) |
| | Valério Brusamolin (IFPR) |
| SUPERVISOR DA PRODUÇÃO | Renata Cristina Lopes Miccelli |
| PRODUÇÃO EDITORIAL | Adrielli de Almeida |
| REVISÃO | Júlia Oliveira & Nathalia Almeida |
| DIAGRAMAÇÃO | Ana Beatriz Fonseca |
| CAPA | Daniela Baumguertner |
| REVISÃO DE PROVA | Bruna Santos |

**COMITÊ CIENTÍFICO DA COLEÇÃO MULTIDISCIPLINARIDADES EM SAÚDE E HUMANIDADES**

| | |
|---|---|
| DIREÇÃO CIENTÍFICA | Dr.ª Márcia Gonçalves (Unitau) |
| CONSULTORES | Lilian Dias Bernardo (IFRJ) |
| | Taiuani Marquine Raymundo (UFPR) |
| | Tatiana Barcelos Pontes (UNB) |
| | Janaína Doria Líbano Soares (IFRJ) |
| | Rubens Reimao (USP) |
| | Edson Marques (Unioeste) |
| | Maria Cristina Marcucci Ribeiro (Unian-SP) |
| | Maria Helena Zamora (PUC-Rio) |
| | Aidecivaldo Fernandes de Jesus (FEPI) |
| | Zaida Aurora Geraldes (Famerp) |

*Aos meus Mestres e aprendizes nesta viagem em busca do conhecimento.*

# AGRADECIMENTOS

Com imensa gratidão coloco aqui o fruto do trabalho de anos. Não só aos meus Mestres, como meus Alunos, Pacientes e Amigos agradeço o carinho por tudo que compartilhamos.
A esta terra cheia de peculiaridades que tanto me instiga e fascina.

*O caráter de um homem é formado pelas pessoas que escolheu para conviver.*

*(Sigmund Freud)*

# SUMÁRIO

INTRODUÇÃO ................................................................. 13

CAPÍTULO I
HISTÓRIA DA LOUCURA ............................................. 17

CAPÍTULO II
CARACTERIZAÇÃO DAS DOENÇAS MENTAIS .......... 27

CAPÍTULO III
A INSTITUIÇÃO MANICOMIAL .................................... 39

CAPÍTULO IV
INTERNAÇÃO PSIQUIÁTRICA ...................................... 55

CAPÍTULO V
A REFORMA PSIQUIÁTRICA ........................................ 75

CAPÍTULO VI
OS PROJETOS ORIENTADOS NA PRÁTICA
EM SAÚDE MENTAL ...................................................... 87

CONSIDERAÇÕES FINAIS ............................................. 93

# INTRODUÇÃO

Em uma abordagem objetiva e explicativa cada capítulo desta obra discorre sobre a história da doença mental e seus cruzamentos com a saúde pública e a realidade sociocultural na qual estamos todos inseridos. No Brasil, a maneira como os profissionais de saúde interagem com os pacientes ganhou destaque com a Política Nacional de Humanização. Esta foi proposta com o intuito de modificar o atendimento desumanizado, estritamente biomédico e despersonalizado, ao qual a população era submetida. Assim, conforme os princípios estipulados pelo Sistema Único de Saúde (SUS) evidenciou-se a necessidade de atender de modo integral e equânime, o que, infelizmente, ainda não é uma realidade unânime.

De forma mais específica, se aperfeiçoar, se fortalecer e se tornar cada vez mais eficaz, o que inclui a adoção da sistematização do cuidado. Entretanto, consideramos importante que os pacientes e seus familiares sejam acolhidos. Enquanto os primeiros concentram-se na excelência do tratamento de doenças mentais, os segundos sentem a necessidade de serem atendidos também com boa comunicação, pensamento crítico e sensibilidade. Neste contexto, segundo a Teoria do Cuidado Humano, desenvolvida por Margaret Jean Watson, para que o cuidado seja efetivo, é imprescindível o relacionamento transpessoal, isto é, o cuidado que transcende tempo, espaço e matéria. Assim, a interação entre paciente e profissional deve funcionar como um único elemento em sintonia, o que é capaz de favorecer a restauração. Para tanto, a empatia é a principal estratégia para satisfazer tais demandas, a fim de prestar a melhor assistência possível, satisfazendo o paciente e a sua família.

Para que as expectativas e objetivos de equipe, pacientes e familiares sejam alcançados, faz-se necessária a disposição de instrumentos capazes de avaliar a capacidade de empatia, especialmente em estudantes.

Sendo assim, muitos estudos indicam que as formações acadêmicas não proporcionam ampliação na capacidade empática que, em muitos casos, pode inclusive ser reduzida. Com isso, evidencia-se que a empatia pode sofrer modificações ao longo do tempo. Logo, muitos acreditam que, uma vez passível de ser modificada, a empatia pode ser então ensinada. Portanto, um dos grandes questionamentos é justamente como ensinar a empatia para os estudantes da área da saúde.

Como pode-se ver, a empatia é imprescindível para a qualidade e os bons resultados dos atendimentos na área da saúde. Logo, sua abordagem e desenvolvimento nos cursos das Ciências da Saúde é fundamental para o sucesso do futuro profissional.

Sendo assim, o entendimento da sua importância e a capacidade do aluno em ser empático é fundamental para que os objetivos do tratamento sejam alcançados de forma eficaz. Com isso, o atendimento baseado na empatia é também humanizado, trazendo benefícios tanto para o paciente quanto para os profissionais. Entretanto, as pesquisas indicam uma diminuição da empatia justamente no momento do curso em que os estudantes passam a ter maior contato com os pacientes. Logo, é preciso entender os mecanismos que levam à redução da empatia no momento que ela deveria ser mais aplicada. Somente a partir desta compreensão será possível criar estratégias para ensinar a empatia e manter os seus níveis elevados.

Com isso, os estudantes chegarão ao mercado de trabalho não apenas com todo o conteúdo teórico necessário, mas também com a bagagem de habilidades emocionais, essencial para as suas carreiras.

A arte de ensinar, a escuta do sofrimento humano, através da disciplina de Psicopatologia, bem como o incentivo aos alunos de se embrenharam sobre o próprio conhecimento para que assim desenvolvam planos de intervenção em saúde mental e pública sem dúvida faz se necessário.

O presente livro faz um resgate da história da loucura, dos manicômios, das formas de tratamento e transtornos mentais. Com essa discussão, pautada em autores que se debruçaram sobre esses temas de pesquisa, é possível ter um panorama seguro da trajetória das discussões que envolvem a saúde mental. Essas temáticas perpassam o dia a dia de estudos dos professores e estudantes de psicologia, sendo informações indispensáveis para uma boa atuação profissional, empática e responsável.

No primeiro capítulo, "História da Loucura", mergulhamos nas raízes e na evolução do entendimento da loucura ao longo do tempo. A compreensão das raízes históricas é essencial para contextualizar os desafios e avanços que enfrentamos atualmente no campo da saúde mental.

O segundo capítulo, "Caracterização das Doenças Mentais", oferece uma exploração detalhada dos diferentes transtornos mentais, incluindo transtornos de ansiedade, transtornos de humor, transtornos psicóticos, transtornos de personalidade, transtornos alimentares, transtornos do neurodesenvolvimento e outros. Esta análise aprofundada é fundamental para a compreensão das nuances de cada condição e para embasar práticas clínicas eficazes.

O terceiro capítulo, "A Instituição Manicomial", investiga a história e a relação complexa entre a psiquiatria e o manicômio. Examina-se o papel desempenhado por essas instituições ao longo do tempo, proporcionando um contexto para as transformações na abordagem terapêutica.

No quarto capítulo, "Internação Psiquiátrica", concentramo-nos nos modelos terapêuticos, destacando a comunidade terapêutica e o ambiente terapêutico "Milieu". Estas abordagens são essenciais para entender as diferentes formas de intervenção no campo da saúde mental.

O quinto capítulo, "A Reforma Psiquiátrica", aborda criticamente o modelo manicomial e explora a evolução da psiquiatria no contexto brasileiro. Analisamos as críticas ao modelo existente e os movimentos que buscaram reformas significativas na abordagem da saúde mental.

Por fim, no sexto capítulo, "Os Projetos Orientados na Prática em Saúde Mental", são relatos de projetos desenvolvidos por estudantes, com temáticas contemporâneas, como a educação infantil durante a pandemia e oficinas de divulgação científica sobre a atuação da psicologia no ensino médio. Estas práticas emergentes refletem as adaptações necessárias diante dos desafios atuais e indicam novas direções na promoção da saúde mental.

Este livro oferece uma abordagem holística, integrando teoria e prática para oferecer uma compreensão abrangente e atualizada do campo da saúde mental. Cada capítulo proporciona uma visão única e necessária para profissionais, pesquisadores e estudantes que buscam compreender e contribuir para a evolução desse importante campo da psicologia.

Trata-se de uma escrita delicada, objetiva que abre espaço para a reflexão e a tomada de ações nessas áreas. Ensino, Saúde mental e Saúde pública. Semeando o processo de construção de estratégias de enfrentamento destas questões.

# CAPÍTULO I

# HISTÓRIA DA LOUCURA

Há um momento na história em que a loucura começou a ser percebida como uma doença, como objeto de investigação científica, e se essa transformação é interessante do ponto de vista da história da psiquiatria e da medicina em geral, talvez seja mais importante no que diz respeito ao que deve ter mudado em uma sociedade como um todo para que essa transformação ocorresse.

No presente capítulo, discute-se a evolução da percepção da loucura ao longo da história, destacando as mudanças significativas nas concepções e práticas relacionadas a essa experiência.

No contexto da sociedade ocidental moderna, a loucura é frequentemente tratada como um objeto de intervenção da ciência, recebendo o título de doença mental com quadros nosológicos bem definidos, conforme enfatiza Alencar, Rolim e Lima (2013).

De acordo com Silveira e Braga (2002), na sociedade ocidental moderna, a loucura é muitas vezes naturalizada e tratada como um objeto passível de intervenção da ciência, sendo categorizada como doença mental. Essa visão se tornou predominante a ponto de desafiar outras perspectivas, às vezes até ridicularizando-as.

A história da loucura, conforme destacado por Alencar, Rolim e Lima (2013), reflete a construção coletiva de um saber que evolui ao longo dos tempos e é influenciada pelas mudanças culturais e sociais. A compreensão da loucura não é fixa, mas sim uma sucessão de discursos complementares e contraditórios que variam ao longo do tempo.

A análise da percepção da loucura começa na Grécia Antiga, onde a loucura era vista de maneira distinta em relação à época contemporânea. De acordo com Pelbart (1989), na Grécia Antiga, a loucura era dividida em dois tipos: a humana, relacionada às inquietações do espírito devido ao desequilíbrio do corpo, e a divina, associada a questões proféticas, poéticas e eróticas. Nessa perspectiva, a loucura divina se aproximava da razão, estabelecendo uma estreita relação entre sabedoria e delírio.

No entanto, a visão da loucura mudou na transição da Idade Média para o século XVI, quando ocorreu uma ruptura entre razão e desrazão. A desrazão passou a ser associada à própria razão, criando uma dicotomia entre ambas.

A partir da Renascença, a concepção de loucura sofreu uma transformação significativa. Foucault (1961) destacou que a Renascença marcou o início da ruptura moderna no diálogo entre razão e loucura, identificando esta última como desrazão. Nesse período, a loucura não estava completamente identificada com a perda da razão nem como legítima negatividade. A loucura passou a habitar o mundo humano, encontrando espaço na literatura e nas artes.

É improvável, para não dizer "impossível", falar sobre a história da loucura sem se aprofundar nos escritos de Michel Foucault. O pensador francês tem uma obra clássica de referência para diversas áreas do conhecimento científico, intitulada *A história da loucura na idade clássica*, que foi polêmica em seu tempo por ir de encontro com o pensamento científico vigente, que prezava pela irredutibilidade da razão científica, esta, em si só, como uma estrutura de poder.

Também é improvável, para não dizer "impossível", falar sobre Foucault e não discutir sobre as relações de poder e disciplina social. O que é considerado "normal", "anormal", "loucura" ou "sanidade" são problemas filosóficos e científicos que podem ser respondidos de diversas maneiras. Foucault, por exemplo, criticava o poder da medicina e da psiquiatria que, munidos com a legitimidade da razão que recaia sobre a verdade intimamente associada com a ciência, a razão científica, por longos períodos da história construiu conceitos e classificações sobre o que era a loucura, o que impactou diretamente na história de vida das pessoas que estavam fora dos padrões do que era considerado como "normal".

Quando exploramos a história da loucura, encontramos um livro que, dentro da vasta obra de Foucault, tem uma trajetória única. Ele não só foi objeto de inúmeras análises e críticas, mas também sofreu transformações significativas dentro do próprio corpo de trabalho de Foucault.

Como uma obra de história, a tese do livro *História da loucura*, quer a loucura seja descrita como um fenômeno religioso ou filosófico (uma experiência de inspiração, uma perda da mente, etc.), quer seja considerada uma essência médica objetiva (como em todas as classificações de tipos de loucura desenvolvidas pela psiquiatria), essas concepções não são descobertas, mas construções históricas de significado. Ao comparar as concepções de loucura prevalentes em diferentes civilizações, Foucault percebeu que poderia haver uma história da própria loucura, ou seja, que ela era um "fenômeno de civilização, tão variável, tão flutuante quanto qualquer outro fenômeno cultural" e, como consequência, que "curar os loucos não é a única reação possível ao fenômeno da loucura".

Em outras palavras, Foucault não analisa a loucura do ponto de vista do historiador clássico de uma disciplina científica, como a psiquiatria, que traçaria o desenvolvimento de uma ciência a partir de noções iniciais incoerentes até seu estado moderno e racional. Em vez disso, ele está interessado em decisões, limites e exclusões que ocorreram em momentos específicos e indicam mudanças na forma como certos fenômenos foram vivenciados. Essas mudanças muitas vezes coincidem ou se sobrepuseram a outras transformações vindas de diferentes partes da sociedade, mas encontraram caminho para rupturas das quais não temos mais consciência precisamente porque o que foi excluído (uma experiência anterior da loucura) desapareceu.

Portanto, a história da loucura não é a história de uma doença (do que agora consideramos ser uma, de seus tratamentos e das instituições desenvolvidas para lidar com ela). Em vez disso, e a fim de compreender o que não é mais diretamente acessível, é a história do gesto de divisão, separação, por meio de cada um de seus momentos, para descrever um processo de divisão no qual uma realidade se divide em partes radicalmente diferentes até que ocorra uma nova realização, uma síntese que em si mesma é uma nova realidade.

Foucault (1967) distingue três períodos na separação entre loucura e razão (ou na construção da loucura como irracionalidade, como o título da primeira edição francesa, de 1961, deixou claro: *Folie et Déraison. Histoire de la folie à l'âge classique*). Primeiro, o Renascimento, quando a conversa entre razão e loucura que dominava na Idade Média é subitamente transformada em uma reflexão sobre a sabedoria; depois, a separação radical entre razão e loucura no que ele chama de Era Clássica, ou seja, aproximadamente, o século XVII e a maior parte do século XVIII, quando a maioria das instituições sociais de confinamento foi criada - um período que ele chama de trágico porque encena uma contradição sem esperança de reconciliação; e finalmente a experiência moderna da loucura, onde a loucura é agora percebida como um fato positivo, um objeto da ciência, como uma doença ou uma série de doenças, um período que começa no final do século XVIII.

A principal tese do livro, como uma obra de história, é que a passagem de uma fase para a outra não é uma progressão de concepções obscuras ou desumanas para uma compreensão final da verdade sobre a loucura (como uma doença, o objeto de uma medicina da alma, uma 'psiquiatria'). Na verdade, cada fase reflete, para Foucault, um modo diferente de produção da sociedade em si através de um sistema diferente de exclusão.

Assim, para ele, o positivismo médico moderno que se desenvolveu a partir do final do século XVIII se baseia em uma tentativa de objetivar a loucura, que, quando examinada em detalhes, particularmente nas instituições que a acompanham, é um novo modo de controle social. Isso não significa que, para Foucault, a construção da sociedade ocidental moderna possa ser concebida simplesmente com base na exclusão da loucura.

Mais tarde, ele considerará muitos outros tipos de rupturas e exclusões. Mas estudar a loucura permite reconhecer transformações mais profundas e muito maiores. Na primeira fase, o Renascimento, Foucault (1967) se concentra inicialmente nas obras de artistas para mostrar que a loucura era percebida como uma espécie de conhecimento, semelhante a alguma experiência religiosa, a de um possível caos do mundo, evidente principalmente nas representações do apocalipse. Os loucos seriam aqueles que têm a experiência trágica de mundos possíveis que constantemente ameaçam o mundo real e a fragilidade essencial das instituições humanas. Capazes de perceber forças que, do interior, ameaçam a grande organização do mundo e da humanidade, os loucos parecem revelar e pertencer aos limites de nosso mundo.

Do ponto de vista cristão, a razão humana é loucura em comparação com a razão de Deus, mas a razão divina aparece como loucura para a razão humana. Portanto, aqui ainda há uma presença de irracionalidade dentro da razão, mas ambas são vistas de um ponto de vista superior, o da sabedoria que entenderia os limites da razão, enquanto antes a loucura era experimentada, por assim dizer, de dentro. Uma primeira divisão embrionária entre duas formas de experiência da loucura já ocorreu (Foucault, 1967).

Na Idade Clássica (séculos XVII e XVIII), como apontado por Foucault (1967), houve uma mudança na visão crítica da loucura, que passou a ser adversa à razão. A loucura foi associada a outros tipos de desviantes sociais, como vagabundos, delinquentes, prostitutas e marginais. Essa visão predominou no saneamento das cidades.

Este é o momento em que os loucos são trancados em vez de serem enviados para fora das cidades para viver nos limites delas, quando o movimento em direção à exclusão do irracional pela sociedade encontra "o grande confinamento", o momento em que, a partir do meio do século XVII em diante, lugares de confinamento são criados em toda a Europa.

Foucault insiste que essas instituições não eram percebidas como estabelecimentos médicos e que o que acontecia dentro delas não tinha relação com o conhecimento médico e as práticas da época. Dentro delas, os loucos eram trancados com blasfemos, desempregados, prostitutas e outros desviantes, e eram considerados como tendo escolhido livremente o caminho do erro, contra a verdade e a razão. A perspectiva era ética, não médica: eles foram feitos para reverter essa escolha por meio de um sistema meticulosamente descrito de restrições físicas e recompensas.

Mas, como na primeira fase, no Renascimento, ao lado desses desenvolvimentos institucionais, ocorre outro movimento. Enquanto para os poderes que haviam organizado seu internamento, os loucos eram culpados porque haviam feito a escolha de rejeitar a natureza, para os médicos, a loucura estava se tornando um objeto natural: os loucos não eram mais percebidos como uma aberração, mas como um fenômeno digno de estudo científico.

Foucault (1967) imagina várias razões para esse desenvolvimento, mas uma importante, precisamente porque dá seu papel completo ao contingente na história, é que os loucos, por estarem agora trancados, podiam ser um objeto de observação (o que, é claro, levanta a questão: por que eles se tornaram o objeto do olhar médico enquanto prostitutas, vagabundos etc. se tornaram o objeto de outras disciplinas em formação, como sociologia e criminologia). A divisão ou partilha entre razão e loucura claramente ocorreu, não há mais uma superfície de contato entre elas, como havia durante o Renascimento, e essa divisão é paralela à divisão social instituída pela casa de confinamento.

Claro, existem muitas maneiras de interpretar as causas sociais desse grande movimento de confinamento de todos aqueles que não trabalhavam: regulação do número de desempregados e preços (as casas de trabalho, onde as pessoas mal eram pagas, serviam para manter os preços baixos); livrar-se de personagens indesejáveis através de meios que contornavam os procedimentos judiciários normais; cumprimento dos propósitos caridosos da igreja, etc.

Tais explicações do confinamento por sua função social são verdadeiras para Foucault (1967), que declarou que a sensibilidade social à loucura mudou como função do surgimento do mercantilismo e da família burguesa, mas elas se referem a decisões específicas que sempre pressupõem uma forma específica de consciência ou a experiência do outro e de um grupo como irracional, como fundamentalmente alheio à norma.

No entanto, o que realmente interessa a Foucault aqui é que o ato de exclusão é de fato contemporâneo ou até mesmo precede e, em certo sentido, produz a alienação. De repente, uma nova figura se torna perceptível e essa percepção, por sua vez, terá novos efeitos.

A evolução da percepção da loucura continuou com o médico Philippe Pinel, como descrito por Jacobina (2003). Pinel introduziu o modelo asilar de tratamento, no qual o médico detinha a autoridade moral para convencer o louco a retornar à sanidade mental, separando-o das influências corrompedoras da sociedade. A cura era vista como o retorno a um estado ilusório de normalidade, simbolizado pelo "*homo medius*" - o estado "normal".

A evolução da percepção da loucura na história está profundamente ligada às transformações sociais, culturais e médicas que ocorreram ao longo dos séculos. Como Foucault (1967) destacou, o modelo asilar que surgiu nos séculos XVII e XVIII na Europa, com o "grande internamento" dos loucos em hospitais gerais, teve um impacto fundamental na mudança das percepções anteriores à loucura. Esse internamento, que ocorreu ao lado de outros grupos sociais indesejáveis, marcou o início de uma nova forma de domínio sobre a loucura, caracterizada pelo seu silenciamento e segregação do convívio social.

A terceira fase moderna emerge no final do século XVIII com a criação de instituições exclusivamente dedicadas ao cuidado dos loucos. A loucura agora se tornou o objeto exclusivo de uma percepção médica. O manicômio ou hospital psiquiátrico é o resultado de uma síntese entre a necessidade recém-percebida de curar os loucos que suas famílias não podem tratar em casa e a antiga necessidade de proteger a sociedade. Mas essa síntese de um espaço de cura e um lugar de exclusão é logo esquecida em sua origem histórica e passa a ser percebida como natural: os loucos agora são trancados para serem curados.

A princípio, o internamento era percebido confusamente como um reflexo da natureza da loucura vista como uma perda da liberdade natural do homem. Agora, é o único espaço onde os tratamentos necessários para proteger essa liberdade e restaurá-la podem ser administrados. A loucura, que foi alienada pela sociedade, é agora definida como alienação psicológica, uma alienação de si mesma e o espaço do confinamento como um espaço onde o self pode se reunir novamente.

A transformação do espaço de exclusão em um espaço médico tornou possível que a loucura se tornasse um objeto de observação e experimentação científica. Objetificar os loucos e dominá-los, já que eram definidos como produto de causalidades naturais, e na prática isso se tornou claramente uma nova maneira de exercer poder sobre eles (da qual a invenção da camisa de força é um modelo, analisado em profundidade por Foucault).

No final, o manicômio, onde o homem podia ser sistematicamente percebido e estudado, foi um dos locais de nascimento da ideia das "ciências humanas". Mas o alvo de Foucault aqui não é a verdade científica em si, mas as reivindicações de cientificidade de disciplinas que tomam como natural um objeto que, de fato, moldaram de maneiras e por razões que muitas vezes são em grande parte exteriores ao objeto em si.

Com o advento da psiquiatria no final do século XVIII, o modelo asilar foi criticado, e os asilos passaram a ser vistos como locais de confinamento e tratamento especialmente destinados aos loucos. O alienismo, como foi nomeada essa primeira psiquiatria, se consolidou nesse espaço reformado, introduzindo uma nova concepção da loucura como doença e inabilidade para o trabalho, ou impossibilidade de integração social (Passos e Beato, 2003).

Essas mudanças na percepção da loucura ao longo da história demonstram o deslocamento da loucura em direção a um novo lugar social, o asilo, e simbólico, a doença. Como Pelbart (1989) observa, se na antiguidade grega havia uma proximidade factual com o louco e uma distância de direito, na época moderna, a identidade com o louco se tornou um direito, enquanto a distância se tornou um fato.

A história da loucura nos séculos XVIII e XIX está intimamente ligada à busca por conceitos de alienação e doença mental, refletindo a construção de um novo modelo de sujeito na modernidade. Esse sujeito se baseia na ideia de indivíduo, consolidando-se com o surgimento do sujeito do conhecimento cartesiano, fundamentado na racionalidade científica que se torna hegemônica como método de produção de conhecimento. A loucura se torna seu contraponto, capturada como sujeito da desrazão (Torre e Amarante, 2001).

Essas transformações históricas refletem a maneira como a modernidade se constitui como forma de pensamento e organização social, lidando com a loucura como um fenômeno humano e social. Como aponta Alencar, Rolim e Lima (2013), a medicina psiquiátrica desempenhou um papel fundamental na assistência ao doente mental, com marcos importantes como a fundamentação da alienação mental como um distúrbio das funções intelectuais do sistema nervoso.

## REFERÊNCIAS

ALENCAR, A.V; Rolim, Solange Gonçalves; LEITE, Pollyanna Nayara Belem. A História da Loucura. **Id On Line Revista de Psicologia**, [S. l.], v. 7, n. 21, p. 15, 22 nov. 2013. Lepidus Tecnologia. DOI: http://dx.doi.org/10.14295/idonline.v7i21.247. Disponível em: https://idonline.emnuvens.com.br/id/article/view/247/313. Acesso em: 9 out. 2023.

FOUCAULT, M. **A História da Loucura**. São Paulo: Perspectiva, 1967.

JACOBINA, P. V. **Saúde mental e direito**: Um diálogo sobre reforma psiquiátrica e sistema penal. 2003. Disponível em: http://www.scielo.br/pdf/rlae/v10n2/10516.pdf. Acesso em: 20 out. 2023.

PELBART, P. P. **Da clausura do fora ao fora da clausura**. Rio de Janeiro: Graal, 1989.

PASSOS, I. C. F.; BEATO, M. S. F. **Concepções e práticas sociais em torno da loucura**: alcance e atualidade da história da loucura de Foucault para investigações etnográficas. 2003. Disponível em: http://www.scielo.br/scielo.php?script=sci. Acesso em: 28 out. 2023.

SILVEIRA, L. C.; BRAGA, V. A. B. **Acerca do conceito de Loucura e seus reflexos na assistência de saúde**. 2002. Disponível em: http://www.scielo.br/scielo.php?script=sci. Acesso em: 20 set. 2023.

# CAPÍTULO II

# CARACTERIZAÇÃO DAS DOENÇAS MENTAIS

Ao longo da história, a busca por compreensão e categorização das doenças mentais tem sido uma constante. Desde os primeiros esforços de censos nos Estados Unidos, no século XIX, até as edições mais recentes do Manual Diagnóstico e Estatístico de Transtornos Mentais (DSM), a evolução desses sistemas reflete a complexidade e a necessidade de uma abordagem mais precisa na caracterização dessas condições. Este capítulo propõe explorar as principais doenças mentais, utilizando como referência a quinta edição do DSM (DSM-5), considerado um marco contemporâneo na classificação diagnóstica.

Araújo e Lotufo Neto (2014) pontuam que no século XIX, os Estados Unidos iniciaram esforços estatísticos para catalogar doenças mentais, evidenciando a preocupação primordialmente estatística. Esses censos iniciais destacavam a categoria "idiotia/loucura" e, posteriormente, evoluíram para sete categorias distintas no censo de 1880, refletindo a crescente compreensão da diversidade das condições mentais.

Já no início do século XX, o Exército norte-americano, em colaboração com a Associação de Veteranos, desenvolveu categorizações abrangentes aplicadas em ambulatórios para ex-combatentes. Em 1948, a Organização Mundial da Saúde (OMS) incorporou sessões dedicadas a Transtornos Mentais em sua Classificação Internacional de Doenças (CID), sob forte influência dessas iniciativas (Araújo, Lotufo Neto, 2014).

A Associação Psiquiátrica Americana (APA) publicou a primeira edição do DSM em 1953, marcando um avanço significativo ao oferecer uma abordagem mais clínica. Desde então, o manual passou por diversas revisões, culminando na terceira edição, em 1980, que introduziu abordagens descritivas e critérios explícitos (ARAÚJO; LOTUFO NETO, 2014).

Em 1994, a APA lançou o DSM-IV, incorporando uma vasta gama de dados e critérios mais precisos. A revisão subsequente, DSM-IV-TR, formalmente utilizada até 2013, refletiu a proliferação de pesquisas e a necessidade de atualizações.

Dessa forma, este capítulo explora as principais doenças mentais com base na quinta edição do DSM, lançada em 2013. Os principais transtornos são caracterizados, oferecendo uma compreensão mais aprofundada e atualizada das condições psiquiátricas mais prevalentes.

## 2.1 TRANSTORNOS DE ANSIEDADE

Para compreender o transtorno de ansiedade, é importante inicialmente explorar o conceito de ansiedade como uma emoção. Essa experiência emocional pode envolver pensamentos, planos e manifestações faciais, além de desencadear alterações fisiológicas.

Evolutivamente, a ansiedade desempenha um papel crucial na proteção do indivíduo, atuando como um mecanismo para resguardar contra perigos. Ao longo da evolução, esses mecanismos foram fundamentais para a preservação e sobrevivência de várias espécies. No entanto, nas condições da vida moderna, os processos fisiológicos associados à ansiedade podem se prolongar, pois as situações de perigo não são mais exclusivamente relacionadas à fuga ou luta, exigindo reflexão sobre possíveis ameaças (BRANDÃO, 2019).

A construção do conceito de ansiedade ao longo dos séculos levou ao desenvolvimento de sistemas de classificação, notadamente a Classificação Estatística Internacional de Doenças e Problemas Relacionados à Saúde (CID) e o Manual Diagnóstico e Estatístico de Transtornos Mentais (DSM). Neste contexto, optamos por adotar o DSM-5.

O DSM-5, em sua última versão, apresenta uma categorização mais abrangente dos transtornos de ansiedade, evoluindo de 7 para 11 classificações distintas. Estas incluem o Transtorno de Ansiedade de Separação, Mutismo Seletivo, Fobia Específica, Transtorno de Ansiedade Social (Fobia Social), Transtorno de Pânico, Agorafobia, Transtorno de Ansiedade Generalizada, Transtorno de Ansiedade Induzido por Substância/Medicamento, Transtorno de Ansiedade devido a Outra Condição Médica, Outro Transtorno de Ansiedade Especificado e Transtorno de Ansiedade Não Especificado (DSM-5). Esta ampliação nas categorias reflete a complexidade e a diversidade dos quadros de ansiedade, oferecendo uma base mais abrangente para diagnóstico e intervenção clínica.

## 2.2 TRANSTORNOS DE HUMOR

O humor, enquanto estado emocional momentâneo, desempenha um papel relevante nas interações sociais, pessoais e profissionais. Baseado nos sentimentos, suas flutuações têm o potencial de impactar diversas áreas da vida (KUTCHER *et al*, 2014). Evidências sugerem que episódios de tristeza originados de eventos adversos geralmente não perduram por longos períodos, já que o cérebro humano trabalha para equilibrar emoções desconfortáveis.

De acordo com Bastos e Fleck (2016), as alterações no humor referem-se a mudanças no estado afetivo percebidas como moderadas, de fácil controle e menos prejudiciais. Diferentemente, o transtorno do humor se manifesta com oscilações mais acentuadas, marcadas por mudanças profundas que impactam significativamente as relações sociais, profissionais e pessoais, como na escola, trabalho, família e amizades.

Os transtornos do humor representam uma parcela significativa das doenças neuropsicológicas, sendo bastante prevalentes na população. Segundo a Organização Mundial da Saúde (OMS), entre os anos de 1996 e 2013, houve um aumento expressivo de quase 50% no número de pessoas afetadas por algum transtorno do humor.

Atualmente, cerca de 10% da população mundial é impactada por essa categoria de patologias (PASSOS, 2019). Esta estatística evidencia a relevância e a abrangência dos transtornos de humor, destacando sua influência significativa na saúde mental global.

Dentre os transtornos de humor, podemos destacar a bipolaridade. Essa pode ser definida como uma psicose maníaco-depressiva, atualmente também denominada de transtorno bipolar afetivo, ocupa na Organização Mundial de Saúde (OMS), o grupo dos chamados "Transtornos do Humor".

O humor refere-se ao estado emocional interior de um indivíduo, afetando a expressão exterior do conteúdo emocional. O humor pode ser normal, exaltado ou deprimido. Um indivíduo normal experimenta uma grande variedade de humores e tem um repertório igualmente grande de expressões afetivas, sentindo-se no controle de seus humores e afetos.

Os distúrbios de humor são um grupo de condições clinicas caracterizadas por uma perturbação do humor, uma perda do senso de controle, e uma experiência subjetiva de grande angústia Pacientes com humor exaltado demonstram expansividade, fuga de ideias, sono diminuído, autoestima elevada e ideias de grandeza Pacientes com humor deprimido demonstram perdas de energia e interesse, sentimento de culpa, dificuldade de concentração, perdas de apetite e pensamentos de morte e suicídio. Outros sinais e sintomas incluem alteração no nível de atividade, capacidades cognitivas, fala e funções vegetativas, como sono, apetite, atividade sexual e outros ritmos biológicos.

O transtorno depressivo, conforme Lombardo (2020), é um distúrbio de humor comum e crônico, associado a consideráveis níveis de incapacidade. Caracteriza-se pela redução de comportamentos associados a situações prazerosas e pelo aumento da sensibilidade a estímulos adversos. Indivíduos com depressão exibem um padrão comportamental que se manifesta pelo aumento de comportamentos relacionados ao sofrimento, tornando-se mais sensíveis a situações adversas e perdendo a sensibilidade em atividades anteriormente prazerosas.

Segundo os critérios do DSM-V, o diagnóstico da depressão envolve a identificação de cinco ou mais sinais e sintomas, que incluem um tom emocional constante de tristeza, vazio ou sofrimento, perda generalizada de interesse, falta de sensibilidade a estímulos prazerosos, autoavaliação de inutilidade ou culpa, alterações no apetite, insônia ou hipersonia, fadiga constante, inibição cognitiva em termos de atenção, concentração, tomada de decisão e pensamento em geral, além de ideias de morte, ideação suicida ou tentativas de suicídio.

## 2.3 TRANSTORNOS PSICÓTICOS

Os transtornos psicóticos compreendem uma categoria de distúrbios mentais graves caracterizados por distorções do pensamento e da percepção, assim como inadequação e embotamento do afeto sem prejuízo da capacidade intelectual. A esquizofrenia, inserida nesse grupo, é mundialmente reconhecida com uma prevalência de 1%, sendo igualmente distribuída entre homens e mulheres e constante em diferentes culturas, conforme os critérios do DSM-V.

Embora a etiologia exata da esquizofrenia não seja totalmente compreendida, vários fatores de risco são identificados. A vida urbana, traumas na infância, negligência e infecções pré-natais, além da predisposição genética, são considerados elementos que podem contribuir para o desenvolvimento desse transtorno, que geralmente se manifesta no final da adolescência e possui caráter crônico.

A Classificação Estatística Internacional de Doenças (CID-10) categoriza os transtornos esquizofrênicos em diferentes subtipos, como esquizofrenia paranóide, hebefrênica, catatônica, indiferenciada, depressão pós-esquizofrênica, esquizofrenia simples, entre outras.

O diagnóstico da esquizofrenia é clínico e realizado por um médico psiquiatra, baseado nos critérios da CID-10. Esse processo envolve uma avaliação cuidadosa dos sintomas, história e sinais do paciente, sendo fundamental evitar autodiagnóstico e automedicação.

Os sintomas da esquizofrenia variam conforme a fase do transtorno. Alucinações, delírios, transtornos de pensamento e fala, perturbação das emoções e afetos, déficits cognitivos são características marcantes. Os delírios envolvem mudanças no pensamento, comportamento e linguagem, sendo perceptíveis no discurso do paciente. Distúrbios do comportamento, como desordem grosseira e catatonia, também são observados.

## 2.4 TRANSTORNOS DE PERSONALIDADE

Os Transtornos de Personalidade, de acordo com Araújo e Lotufo Neto (2014), mantêm seus critérios diagnósticos no DSM-5, seguindo a classificação do DSM-IV-TR. O capítulo na Seção II continua dividindo esses transtornos em três grupos distintos, sendo estes categorizados brevemente a seguir.

Grupo A - Transtornos de Personalidade Paranóide, Esquizóide e Esquizotípica: Transtorno Paranóide: Caracterizado por desconfiança persistente, suspeita injustificada e interpretação tendenciosa das intenções dos outros; Transtorno Esquizóide: Marcado por distância social, falta de desejo por interações próximas e emoções restritas.

Grupo B - Transtornos de Personalidade Anti-Social, Borderline, Histriônica e Narcisista: Transtorno Anti-Social: Envolvimento recorrente em comportamentos que desrespeitam os direitos dos outros, falta de empatia e propensão para a violência; Transtorno Borderline: Caracterizado por instabilidade emocional, relações interpessoais intensas e impulsividade; Transtorno Histriônico: Comportamento excessivamente emocional, busca por atenção e sugestionabilidade; Transtorno Narcisista: Exibição de grandiosidade, necessidade constante de admiração e falta de empatia.

Grupo C - Transtornos de Personalidade Esquiva, Dependente e Obsessivo-Compulsiva: Transtorno Esquiva: Inibição social, sentimentos de inadequação e hipersensibilidade à avaliação negativa; Transtorno Dependente: Necessidade excessiva de ser cuidado, submissão e medo da separação; Transtorno Obsessivo-Compulsivo: Perfeccionismo, preocupação com detalhes e controle mental.

Uma inovação significativa no DSM-5 é a introdução de um modelo alternativo para os Transtornos de Personalidade, apresentado na Seção III do manual. Este modelo oferece uma concepção do funcionamento da personalidade e lista traços de personalidade patológica associados a cada transtorno. A Escala do Nível de Funcionamento da Personalidade (LPFS) e os vinte e cinco traços de personalidade patológica são ferramentas inclusas nesse novo modelo, visando preservar a prática clínica existente e, simultaneamente, introduzir uma abordagem inovadora para superar deficiências percebidas no modelo anterior (ARAÚJO; LOTUFO NETO, 2014).

## 2.5 TRANSTORNOS ALIMENTARES

Conforme Araújo, Lotufo Neto (2014), o capítulo sobre Alimentação e Transtornos Alimentares no DSM-5 apresenta diagnósticos do DSM-IV-TR, com ajustes para melhorar a precisão diagnóstica. Abaixo, exploramos brevemente alguns transtornos alimentares, destacando suas características distintivas. A seguir, são brevemente categorizados alguns desses transtornos.

Pica e Transtorno de Ruminação: Pica: Este transtorno é caracterizado pelo consumo persistente de substâncias não nutritivas, como cabelo ou papel. Indivíduos com Pica podem sentir a necessidade compulsiva de ingerir objetos ou alimentos não convencionais; Transtorno de Ruminação: Envolve regurgitação repetitiva de alimentos, seguida por remastigação ou expulsão. Geralmente, ocorre devido a fatores psicossociais e pode impactar negativamente a saúde do indivíduo.

Transtorno de Consumo Alimentar Evitativo/Restritivo (TCAER): este transtorno é caracterizado por uma persistente falha em atender às necessidades nutricionais, associada à perda de peso significativa, deficiência nutricional ou dependência de suplementos alimentares. Indivíduos com TCAER evitam certos alimentos ou texturas, o que pode levar a desafios significativos na manutenção de uma dieta saudável.

Anorexia Nervosa: a Anorexia Nervosa mantém sua caracterização, mas a amenorréia não é mais um critério obrigatório. Os principais indicadores incluem uma preocupação intensa com a forma corporal, um medo intenso de ganhar peso e comportamentos que interferem no ganho de peso.

Bulimia Nervosa: A Bulimia Nervosa teve uma alteração na frequência exigida de crises bulímicas e comportamentos compensatórios. Agora, uma vez por semana, por três meses, é o critério. Esse transtorno envolve episódios recorrentes de compulsão alimentar seguidos por comportamentos para evitar o ganho de peso, como vômitos auto induzidos ou exercício excessivo.

Transtorno de Compulsão Alimentar Periódica: validado como diagnóstico, caracteriza-se por episódios regulares de ingestão excessiva de alimentos, sem comportamentos compensatórios extremos. Esse transtorno pode levar a sérios problemas de saúde, incluindo obesidade e condições relacionadas.

Essas definições buscam destacar as características essenciais de cada transtorno alimentar, facilitando a compreensão e o diagnóstico clínico.

## 2.6 TRANSTORNOS DO NEURODESENVOLVIMENTO

O DSM-5 reformulou a abordagem aos transtornos que se manifestam no desenvolvimento inicial, integrando o antigo capítulo "Transtornos Geralmente Diagnosticados pela Primeira Vez na Infância ou na Adolescência" aos "Transtornos do Neurodesenvolvimento" (ARAÚJO; LOTUFO NETO, 2014). A seguir são especificados alguns desses transtornos.

Deficiência Intelectual: Os critérios agora destacam a avaliação não apenas da capacidade cognitiva, mas também da capacidade funcional adaptativa. A Deficiência Intelectual é caracterizada por limitações intelectuais e dificuldades adaptativas significativas.

Transtornos de Comunicação: Este grupo engloba transtornos antigos com ajustes na divisão e nomenclatura. Inclui condições como a gagueira, transtornos da fluência e transtornos da comunicação social.

Transtornos do Espectro Autista (TEA): Absorvendo diagnósticos antigos como Autismo, Transtorno Desintegrativo da Infância, Síndromes de Asperger e Rett, os TEA refletem uma visão científica mais moderna. Os sintomas são categorizados em déficits na comunicação e interação sociais, além de padrões restritos e repetitivos de comportamento.

Transtorno de Déficit de Atenção e Hiperatividade (TDAH): Mantendo muitos critérios do DSM-IV-TR, o DSM-5 ajustou a idade para a persistência dos sintomas até os doze anos. Introduziu especificadores e permitiu o diagnóstico comórbido com Transtorno do Espectro Autista, gerando debates sobre possíveis superestimações na incidência do TDAH.

Transtornos Específicos da Aprendizagem: Deixando de lado subdivisões específicas, agora abrange uma gama mais ampla de deficiências em diversas áreas de aprendizagem, como leitura, cálculo e escrita.

Transtornos Motores: Engloba tiques, movimentos estereotipados e a Síndrome de Tourette como Transtornos Motores, fornecendo uma categoria mais abrangente para compreender essas manifestações.

Essas definições buscam proporcionar uma visão geral dos Transtornos do Neurodesenvolvimento, evidenciando as mudanças conceituais introduzidas no DSM-5, conforme Araújo e Lotufo Neto (2014), para melhor refletir a compreensão contemporânea desses transtornos.

## 2.7 OUTROS TRANSTORNOS

Conforme o DSM-5, muitos são os transtornos categorizados e suas características. Esse último tópico tem como finalidade descrever brevemente alguns outros que também são importantes.

O DSM-5 dedica um capítulo exclusivo aos Transtornos Obsessivo-Compulsivo (TOC) e Outros Transtornos Relacionados, apresentando novas inclusões, especificadores e refinamentos. Vamos explorar brevemente alguns desses transtornos.

Transtorno Obsessivo-Compulsivo (TOC) e Transtornos Relacionados: O TOC manteve seus critérios diagnósticos, mas o DSM-5 introduziu especificadores adicionais, como "Bom Insight" e "Ausência de Insight/Sintomas Delirantes". Destaca-se a ênfase na presença ou história de tiques como um especificador adicional.

Trauma e Transtornos Relacionados ao Estresse: Este capítulo reúne transtornos vinculados a situações traumáticas. Destacam-se o Transtorno de Apego Reativo na Infância, que evoluiu para Transtorno de Apego Reativo e Transtorno do Engajamento Social Desinibido. A categoria engloba transtornos específicos ou inespecíficos relacionados ao estresse e trauma.

Transtornos Dissociativos: Incluindo o Transtorno Dissociativo de Identidade, Amnésia Dissociativa e Transtorno de Despersonalização/Desrealização, além de categorias adicionais, o DSM-5 refinou critérios, especialmente no Transtorno Dissociativo de Identidade, que agora abrange experiências de possessão.

Disfunções Sexuais: O DSM-5 fragmentou o antigo capítulo de Transtornos Sexuais, introduzindo Disfunções Sexuais. Critérios mais específicos foram estabelecidos, incluindo uma duração mínima de seis meses para avaliar a severidade dos sintomas.

Disforia de Gênero: Anteriormente chamado de Transtorno da Identidade de Gênero, o DSM-5 destaca a Disforia de Gênero como uma diferença entre a experiência expressa e atribuída do gênero. Novos especificadores, como "Pós-Transição", foram introduzidos para melhor caracterizar o diagnóstico.

Transtornos Parafílicos: Criando distinção entre Parafilias e Transtornos Parafílicos, o DSM-5 reconhece as Parafilias como interesses eróticos atípicos, não rotulando necessariamente como patológicos. Critérios mantêm o foco na consequência negativa, como angústia ou prejuízo.

Transtornos Neurocognitivos: Unindo Delirium, Demência, Transtorno Amnéstico e Outros Transtornos Cognitivos, este capítulo abrange condições neurológicas e psiquiátricas. Introduzindo o termo "Transtorno Neurocognitivo" para substituir demência, oferece uma lista atualizada de domínios neurocognitivos.

O DSM-5 traz avanços significativos na compreensão dos transtornos mentais, incorporando refinamentos diagnósticos, novas categorias e especificadores para melhor adaptar o tratamento. A abordagem contemporânea reflete o constante desenvolvimento na psiquiatria, buscando aprimorar a precisão clínica e promover uma compreensão mais holística dos transtornos mentais.

## REFERÊNCIAS

ARAÚJO, Álvaro Cabral; LOTUFO NETO, Francisco. A nova classificação Americana para os Transtornos Mentais: o DSM-5. **Rev. Bras. Ter. Comport. Cogn.**, São Paulo, v. 16, n. 1, p. 67-82, abr. 2014. Disponível em: http://pepsic.bvsalud.org/scielo.php?script=sci_arttext&pid=S1517-55452014000100007&lng=pt&nrm=iso. Acesso em: 30 nov. 2023.

AMERICAN PSYCHIATRIC ASSOCIATION. **Diagnostic and Statistical Manual of Mental Disorders - DSM-5**. 5th ed. Washington: American Psychiatric Association, 2013.

BASTOS, A. G.; FLECK, M. P. A. Psicodiagnóstico e alteração do humor. In: Hutz, C. S. et al. Psicodiagnóstico. Porto Alegre: **Artmed**, 2016. cap. 26, p. 331-337.

KUTCHER, S. **Transtorno do humor** – depressão e transtorno bipolar. In: Estanislau.

LOMBARDO, M. A. A. Eficácia e efetividade da ativação comportamental para transtorno Depressivo maior: a resposta está dentro e no passado. **Cap 2. Publicação em Transtornos Psicológicos**: Terapias Baseadas em Evidências. Editores: Paulo R. Abreu, Juliana H.S.S. Abreu. 1 ed. Santana de Parnaíba [SP]: Manole, 2021.

PASSOS, I. C. Intervenções psicoterápicas para o tratamento do transtorno bipolar. In: Cordioli, A. V. e Grevet, E. H. **Psicoterapias Abordagens Atuais.** 4. ed. Porto Alegre: Artmed, 2019. cap. 33, p. 522-536.

# CAPÍTULO III

## A INSTITUIÇÃO MANICOMIAL

Ao longo da história, a concepção da loucura e seu manejo moldaram-se de acordo com os valores, crenças e estruturas sociais de diferentes épocas. Desde a Grécia Antiga, onde a loucura era considerada uma expressão divina, até os movimentos contemporâneos de desinstitucionalização, a trajetória da compreensão da mente humana e o tratamento dos transtornos mentais percorreram um caminho complexo e multifacetado.

Na Grécia Antiga, o "louco" era visto como alguém dotado de poderes singulares, uma manifestação direta dos deuses, e sua loucura era valorizada socialmente. Contudo, com a transição para a Idade Média, a percepção da loucura mudou drasticamente. Agora associada a forças obscuras e malignas, a abordagem da sociedade passou de reverenciá-la a procurar eliminá-la, muitas vezes através de métodos inquisitoriais sob a égide da Igreja.

Com o advento do Racionalismo, a loucura transformou-se em desrazão moral, e os "loucos" foram estigmatizados como transgressores da moral racional. Esse estigma persiste durante o Mercantilismo, quando a população considerada improdutiva era descartada, incluindo os loucos, relegados a condições marginais.

A Revolução Francesa trouxe consigo ideais de Liberdade, Igualdade e Fraternidade, mas também inaugurou o surgimento dos hospitais gerais, que servem tanto como espaços de assistência pública quanto de reclusão para aqueles considerados "excluídos." No final do século XVIII, a apropriação da loucura pelo saber médico, liderada por Pinel, redefiniu-a como doença mental, estabelecendo o asilo como principal terapia, embora muitas vezes fosse mais um local de segregação do que de tratamento.

O século XX testemunhou uma evolução no entendimento da loucura, culminando nos movimentos de reforma psiquiátrica e na criação de serviços de saúde mental mais humanizados. O Brasil, seguindo essas mudanças, trilhou seu próprio caminho desde a chegada da Família Real até a implementação do Sistema Único de Saúde (SUS) em 1988. A trajetória brasileira reflete a busca por uma abordagem mais inclusiva e respeitosa para lidar com os desafios da saúde mental.

Atualmente, os Centros de Atenção Psicossocial (CAPS), as Residências Terapêuticas e outros serviços visam substituir as práticas manicomiais, proporcionando um cuidado mais personalizado e respeitoso. Embora tenham ocorrido avanços, especialmente com o Movimento da Luta Antimanicomial, a disponibilidade inadequada de serviços de saúde mental em países em desenvolvimento continua sendo uma questão crucial. Este capítulo explora a jornada da instituição manicomial, desde suas origens até as abordagens contemporâneas, buscando compreender como as percepções e práticas em relação à loucura moldaram e foram moldadas pelas sociedades ao longo do tempo.

## 3.1 HISTÓRICO

Ao longo dos séculos, diferentes modelos de atenção psiquiátrica emergiram, refletindo as peculiaridades e contextos das sociedades em que se estabeleceram. Contudo, nenhum paradigma se destacou tanto, ao menos nos últimos séculos, quanto o modelo asilar da atenção psiquiátrica, centrado na instituição hospitalar. Nomes como hospital psiquiátrico, asilo, manicômio, casa de loucos e hospício foram atribuídos a essa abordagem, que se tornou proeminente nos séculos XVIII e XIX (PESSOTI, 1996).

Os primeiros manicômios, acredita-se, surgiram no Oriente por volta do século VII, antes de se espalharem pela Europa, atingindo seu ápice nos séculos XVIII e XIX (PESSOTI, 1996). No entanto, à medida que os séculos avançavam, esse modelo começou a perder força, cedendo espaço a novas perspectivas de atendimento e tratamentos alternativos. Essa evolução reflete a imprevisível transformação da sociedade em direção a valores de justiça, igualdade e tolerância às diferenças.

A influência da instituição manicomial na construção da psiquiatria como especialidade médica foi significativa. Conforme destacado por Pessotti (1993, p. 9), "O manicômio foi o núcleo gerador da psiquiatria como especialidade médica". As práticas psiquiátricas emergiram a partir da perspectiva médica da doença mental, ganhando destaque nos registros acadêmicos no século XVIII. Nesse período, houve uma mudança nas perspectivas do mundo, abandonando os dogmas do passado e dando fim à autoridade do clero em favor do conhecimento médico (PESSOTI, 1993).

Durante a Idade Média, a igreja consolidou-se como o principal órgão assistencialista, com conventos na Alemanha e Inglaterra funcionando como verdadeiros asilos. Após esse período, o Estado assumiu o papel de favorecer doações para manter os asilos, e a caridade deixou de ser exaltada como meio de alcançar a salvação. A pobreza, então, passou a ser considerada castigo, consolidando a aceitação da grande internação pela igreja (FOUCAULT, 2010).

Os manicômios, seguindo o modelo da Salpetrière e Bicêtre em Paris, cresceram exponencialmente em toda a Europa nos séculos seguintes. Esses locais, mais do que estabelecimentos médicos, atuavam como estruturas semi jurídicas, uma espécie de entidade administrativa que decidia, julgava e executava, servindo como depósitos para aqueles encaminhados pelo poder judiciário ou pela autoridade real (FOUCAULT, 2010).

Mesmo sob responsabilidade do Estado, a influência da igreja persistiu na orientação religiosa e na participação na direção dessas casas de internamento. Apesar de serem instituições de assistência, também desempenhavam um papel de repressão, utilizando métodos como golilhas de ferro, postes, prisões e cela, sob o pretexto de cuidar dos pobres (FOUCAULT, 2010).

O relato do psiquiatra francês Jean-Étienne Dominique Esquirol, ao descrever a experiência do internamento, revela condições desumanas enfrentadas pelos pacientes. Desnudos, cobertos de trapos, mal alimentados e sujeitos a verdadeiros carcereiros, os pacientes vivenciavam uma realidade cruel e contrastante com a imagem de luxo mantida pelos governantes da época (ESQUIROL, 1838 apud FOUCAULT, 2010, p. 49).

Essa fase da história da instituição manicomial foi marcada por uma dualidade entre assistência e repressão, refletindo a complexidade das relações sociais, políticas e religiosas da época.

Continuando a exploração do histórico da instituição manicomial, Amarante (1995) destaca que, no século XVII, o hospício desempenhava o papel de recolher e manter longe do convívio social qualquer manifestação que ultrapassasse os limites da lei e da ordem vigente. Esses estabelecimentos acolhiam uma variedade de indivíduos considerados "indesejáveis" pela sociedade da época, como desocupados, prostitutas, ladrões, vagabundos, leprosos e outros marginalizados. Os principais locais de reclusão eram as santas casas de misericórdia e os hospitais gerais, configurando-se como espaços de exclusão social.

Conforme ressalta Dörner (1974 apud DESVIAT, 1999, p. 15), essa prática de confinar diferentes segmentos da população não estava relacionada a critérios médicos ou científicos, não sendo considerada uma manifestação de desordem patológica. Na verdade, a organização social da época era fundamentada na supremacia da Razão, um conceito que ganhou destaque com o Iluminismo.

A exclusão desses indivíduos da sociedade baseava-se no conceito de "desrazão", uma marca distintiva do novo olhar sobre a loucura. O pensamento cartesiano, em particular, desempenhou um papel significativo ao distinguir a loucura do erro e do sonho. Enquanto o erro e o sonho poderiam ser questionados pela razão, a loucura representava a "Não-Razão", assumindo um papel de não ser. O louco, ao contrário do que questiona, não se indaga sobre sua própria loucura, tornando-se, assim, um não-ser (FOUCAULT, 2010).

No entanto, paradoxalmente, mesmo com essa transformação no paradigma da loucura, surgiram casas destinadas ao internamento daqueles que eram considerados destituídos de razão. Esses locais mantiveram-se como instituições asilares de regime de internamento por um século e meio, segundo Foucault (2010). O internamento tornou-se uma prática evidente na experiência clássica da loucura, sendo causa de indignação na cultura europeia quando substituída por métodos diferentes.

Esses internamentos, embora distantes da concepção moderna de hospital, conferiram uma nova identidade aos "internos" na sociedade europeia da época. O classicismo foi responsável por inventar o internamento, preenchendo o vácuo deixado pela segregação dos leprosos na Idade Média. Foucault (2010, p. 53) destaca: "O Classicismo inventou o internamento, um pouco como a Idade Média a segregação dos leprosos; o vazio deixado por estes foi ocupado por novas personagens no mundo europeu: são os 'internos'".

Essa nova classe de internos passou a ocupar uma posição específica no funcionamento social europeu, embora esse grande enclausuramento ainda estivesse longe da estrutura dos hospitais modernos. Amarante (1995) ressalta que o surgimento das instituições médicas, juntamente com o desenvolvimento da Psiquiatria como uma especialidade, foi correlato às condições políticas, econômicas e sociais instauradas pela modernidade. A pobreza, nesse contexto, foi ressignificada como negatividade, desordem moral e obstáculo à nova ordem social. Esse cenário preparou o terreno para a evolução das práticas de cuidado em saúde mental ao longo dos séculos subsequentes.

A correlação entre os métodos utilizados para lidar com a manifestação da loucura e a ordem social vigente é evidente ao longo dos séculos. Antes da "Grande Internação", como descreve Foucault (2010), houve um movimento de exclusão dos pobres, vagabundos e desempregados. Essas pessoas eram punidas por sua condição, muitas vezes expulsas das cidades para supostamente eliminar o desemprego e a mendicância. Diversos meios eram empregados, como leis e mandatos para afastá-las do convívio social, prisões e trabalho forçado, incluindo tarefas árduas nos esgotos da época.

Contudo, a criação dos locais de internação modificou essa dinâmica. Em vez de excluir essas pessoas, elas eram detidas nesses lugares por meio de coerção física ou da vontade do próprio sujeito.

Em momentos de crises, quando as cidades se tornaram hostis à sobrevivência, a internação funcionava como uma troca: o sujeito oferecia sua liberdade em troca de assistência custeada pelos ricos por meio de impostos. No entanto, em períodos economicamente favoráveis, essas pessoas eram consideradas mão de obra barata, resultando em uma prática que, nas palavras de Foucault (2010, p. 68), "cria pobres em uma região a pretexto de acabar com eles em outra". Essa forma de exploração logo revelou suas limitações, fazendo com que o trabalho fosse reinterpretado nos locais de internação, tornando-se um remédio para o desemprego.

No século XVIII, o Hospital Geral assumiu o papel de local privilegiado da ociosidade. No entanto, esse enfoque no trabalho como solução para os problemas revelou-se problemático. O trabalho nos locais de internação adquiriu um significado ético além do econômico, sendo encarado como um "encantamento moral" que buscava a graça divina. A ociosidade, por outro lado, passou a ser vista como sinal de desordem e falta de moral. Os loucos, assim, foram internados, assumindo um papel equiparado ao dos pobres e miseráveis, marcando um momento crucial na história da loucura.

Durante o século XVII, a imagem social da loucura, embasada na ética do internamento, não estava relacionada ao conhecimento científico sobre a loucura como manifestação patológica. No entanto, no século XVIII, o internamento começou a adquirir características terapêuticas, marcando uma confluência entre o conhecimento e a percepção. Como destaca Amarante (1995, p. 25), "Durante a segunda metade do século XVIII, a desrazão vai, gradativamente, perdendo espaço, e a alienação ocupa, então, o lugar como critério de distinção do louco frente à ordem social". Nesse cenário, na segunda metade do século XVIII, a instituição da doença mental se tornou o objeto fundador da Psiquiatria.

## 3.2 PSIQUIATRIA E MANICÔMIO

A fundação do saber psiquiátrico, conforme apresentado por Desviat (1999), estava intrinsecamente ligada às novas práticas necessárias ao desenvolvimento econômico do estado, alinhadas com a Declaração dos Direitos do Homem e do Cidadão, o Contrato Social e a livre circulação de mercadorias e pessoas. Nesse contexto, os governantes precisavam considerar as condutas relacionadas à loucura, suas formas de atendimento e as balizas da liberdade. Essa nova ordem exigia garantias jurídicas para a privação da liberdade, transformando o isolamento dos alienados em uma prática terapêutica, destinada a afastá-los de um mundo externo perturbador e das paixões irritantes.

O termo "asilo", idealizado por Esquirol para designar o ambiente onde o sujeito ficaria isolado com o objetivo de tratar sua doença, surgiu como alternativa ao termo "hospital", que soava depreciativo na época. O objetivo principal era segregar o paciente da coletividade, separando-o do meio que poderia causar distúrbios. Esse isolamento era considerado um elemento terapêutico, parte do tratamento moral proposto pelos alienistas.

O tratamento moral, ou tratamento alienista, buscava a cura da loucura por meio da internação e do isolamento do paciente. A loucura deixava de ser apenas uma faceta do meio social a ser excluída e passava a ser tratada como uma entidade clínica que exigia atenção, descrição e busca por cura. A garantia legal para esse processo emergente foi a Psiquiatria, cuja construção teórica ocorreu à medida que alienistas notáveis como Pinel e Esquirol realizaram pesquisas empíricas que fundamentaram a prática clínica psiquiátrica.

O momento de transformação do hospital, originalmente um local de hospedagem, para uma instituição medicalizada, regulada pela disciplina, é identificado como um marco na visão do fenômeno da loucura. O hospital tornou-se um elemento intrínseco à medicina, estabelecendo-se como um a priori dessa disciplina. Essa mudança foi caracterizada pela passagem de uma perspectiva geral trágica para um olhar crítico que posicionava a loucura no âmbito do encarceramento.

A medicina mental, como campo do saber, solidificou-se no século XIX, conforme apontado por Amarante (1995). A percepção científica sobre o fenômeno da loucura, transformando-o em objeto de conhecimento denominado "doença mental", marcou a constituição da prática médica psiquiátrica. Essa transição, como destaca Birman (1992), remodelou os eixos antropológicos da existência histórica da loucura na cultura ocidental, deslocando a relação crucial existente no Renascimento entre as figuras da loucura e da verdade.

A psiquiatria, enquanto nova prática clínica, assumiu a responsabilidade de um trabalho que perdura até os dias de hoje, como enfatizado por Amarante (1995). A caracterização do louco como uma figura representante de risco e periculosidade social marcou a institucionalização da loucura pela medicina, resultando na ordenação do espaço hospitalar por essa categoria profissional.

A associação entre a concepção de periculosidade social e doença mental, elaborada pela psiquiatria, estabeleceu uma sobreposição entre punição e tratamento, como ressalta Barros (1994). As práticas manicomiais, ao concluírem castigo e alegados métodos terapêuticos, tornaram-se espaços de segregação e, muitas vezes, de morte. A relação tutelar com o louco tornou-se um dos pilares constitutivos dessas práticas, delimitando territórios de segregação, morte e ausência de verdade.

Desviat (1999) destaca que, na nova ordem social da democracia, o alienado foi classificado como supostamente irresponsável, não ocupando um lugar de sujeito de direito conforme as novas formas de regimento da burguesia. A psiquiatria, nesse contexto, surgiu com a função de corrigir esse desvio do novo funcionamento social.

O fenômeno da loucura e suas formas de atenção passaram a ser observados de maneira distinta com a ascensão da psiquiatria, refletindo as mudanças na economia, política e nos modelos sociais da modernidade. A história da psiquiatria está intrinsecamente ligada a essas transformações.

A psiquiatria não apenas diagnosticou e tratou a loucura, mas também contribuía para a redefinição do tratamento oferecido aos alienados. Ao contrário das práticas anteriores, que se assemelhavam a prisões, os novos estabelecimentos não tinham grades nas janelas. Um exemplo desse novo paradigma é o retiro de York, mencionado por Foucault (2010), que se assemelhava a uma grande fazenda cercada por jardins em campo aberto, onde os loucos receberam tratamento adequado sem restrições excessivas.

Na segunda metade do século XVIII até a primeira metade do século XIX, surge a figura do médico clínico, simbolizado por Pinel, que passa a enfrentar a loucura como um problema de ordem moral. A reclusão torna-se parte fundamental do processo de cura, e o espaço asilar é estabelecido como o local para as novas práticas de atenção à loucura. Amarante (1995) destaca que a organização desse espaço visa objetivar a loucura, dando-lhe unidade e desmascarando-a ao avaliar suas dimensões médicas exatas. O gesto de Pinel, ao liberar os loucos das correntes, não os insere em um espaço de liberdade, mas, ao contrário, funda a ciência que os classifica e acorrenta como objeto de saberes, discursos e práticas na instituição da doença mental.

A prática inicial da medicina mental, conforme Amarante (1995), tinha características predominantemente classificatórias, sendo sua função nosográfica de grande impacto na vida do louco no espaço asilar. Pinel, ao libertar os loucos das correntes, não apenas os excluía do espaço de liberdade, mas estabelecia as bases para uma ciência que os classificava e acorrentava como objetos de saberes, discursos e práticas na instituição da doença mental.

Foucault (2010) oferece uma análise crítica sobre o paradigma da internação e a liberação do louco, atribuída a Pinel. Ele destaca que o internamento clássico criava um estado de alienação que existia apenas do lado de fora, onde o interno era reconhecido como Estranho ou Animal. Pinel, ao libertar os loucos e instaurar a alienação no internamento, tornou essa alienação um mito. Foucault ressalta que Pinel agiu sobre a composição moral dos costumes burgueses, promovendo a manutenção dessa composição.

O tratamento moral idealizado por Pinel, segundo Foucault (2010), baseava-se em três meios principais. Primeiramente, o silêncio, que substitui a coação física pela liberdade limitada pela solidão. Em segundo lugar, o reconhecimento pelo espelho, onde o louco se confrontava com sua própria loucura ao observar a si mesmo nos outros. Por fim, o julgamento perpétuo, uma instância judiciária no asilo que julgava imediatamente, possuindo seus próprios instrumentos de punição.

O método de Pinel, como descreve Amarante (1995), pode ser classificado por algumas estruturas fundamentais: a constituição da primeira nosografia, a organização do espaço asilar e a imposição de uma relação terapêutica (o tratamento moral). Essas bases marcaram a reforma que elevou o hospital à condição de instituição médica, afastando-se da utilização filantrópica e social do espaço hospitalar em um momento anterior. A apropriação da loucura pelo discurso médico é apontada como a passagem que assinala a primeira reforma da instituição hospitalar, marcando a fundação da psiquiatria e do hospital psiquiátrico.

O projeto de Pinel para o manicômio destaca duas funções principais: servir como ambiente privilegiado para a observação sistemática do comportamento dos pacientes, visando aprimorar os diagnósticos, e proporcionar aos pacientes experiências reais que corrigissem pedagogicamente os vícios de sua razão desviada (Pessoti, 1993).

A criação do hospital psiquiátrico, frequentemente atribuída a Pinel, como espaço crucial para o desenvolvimento do saber psiquiátrico, encontrou tanto aceitação quanto críticas desde seu início na segunda metade do século XIII. De acordo com Amarante (1995, p. 27), as principais críticas direcionaram-se ao caráter fechado e autoritário da instituição. As concepções reformistas e progressistas introduzidas por Pinel e Esquirol se distanciaram dos ideais de liberdade, igualdade e fraternidade, tornando-se paradoxalmente opostas a esses princípios. Pessoti (1993) destaca que o mito em torno de Pinel como o homem que libertou os loucos ofuscou a importância doutrinária de sua obra.

A trajetória do modelo alienista do tratamento moral no espaço hospitalar começou a se deteriorar devido à proliferação desenfreada dos manicômios. Pessoti (1993) aponta que, com a disseminação dos manicômios, houve aplicações inadequadas do tratamento moral, sem os cuidados originais e essenciais do método. Os manicômios começaram a abusar de práticas repressivas, transformando experiências coletivas de ideias e hábitos "errados" em recursos de imposição da ordem e disciplina institucional, muitas vezes em detrimento do bem do paciente alienado.

O século XIX, conforme Pessoti (1993, p.155), ficou marcado como o século dos manicômios, não apenas pela importância histórica da instituição do tratamento médico manicomial, mas também pela proliferação desenfreada de manicômios ao longo do século. O uso de castigos e práticas que ferem o corpo e mortificava o ego tornou-se comum nos hospitais psiquiátricos, sob a justificativa de manter a ordem no espaço, desviando-se dos recursos terapêuticos originais.

O surgimento do pensamento positivista, especialmente nas ciências naturais, desempenhou um papel crucial na transformação do modelo alienista. O saber psiquiátrico passou a seguir a orientação positivista, assumindo uma matriz eminentemente positivista. A psiquiatria, como ciência emergente, buscava ordenar-se nos modelos do médico clínico e cientista, procurando estabelecer um paradigma de atenção à loucura que permitisse o desenvolvimento de um conhecimento objetivo e científico do homem.

Amarante (1995) destaca que, nesse contexto, a psiquiatria seguiu a orientação das demais ciências naturais, assumindo uma matriz eminentemente positivista. Essa mudança refletiu-se em um modelo centrado na medicina biológica, que se limitava a observar e descrever os distúrbios nervosos, visando um conhecimento objetivo do homem.

O avanço do pensamento científico positivista reforçou a intenção organicista-biológica na prática psiquiátrica, destacando a importância da anatomia e fisiologia no tratamento da loucura.

O modelo de tratamento moral idealizado por Pinel, que originalmente deixava de lado o enfoque psicológico, perdeu prestígio em detrimento do enfoque organicista.

Assim, na primeira metade do século XIX, o modelo de tratamento moral e organização do espaço asilar proposto por Pinel e Esquirol começou a ruir devido a diversos motivos. O saber psiquiátrico estava dividido, e os manicômios, ao se multiplicarem, cada vez menos correspondiam ao que a modernidade exigia como fundamental nos direitos dos homens. Conforme Pessoti (1993), o modelo institucional de Pinel e Esquirol se deteriorou não apenas pelos abusos no emprego de um tratamento moral desvirtuado, mas também porque o manicômio deixou de ser percebido como recurso terapêutico, tornando-se um instrumento de segregação social, uma instituição de custódia do louco.

Dessa forma, a eficácia terapêutica inicialmente idealizada por Pinel, fundamentada em princípios iluministas, cedeu espaço a um ambiente manicomial que muitas vezes falhava em cumprir seu propósito terapêutico. A dicotomia entre exercer a ciência positivista da medicina mental e mediar a relação do louco com a sociedade tornou-se evidente, gerando um dilema essencial na psiquiatria (Pessoti, 1993). O manicômio, longe de ser apenas um local de tratamento, escondeu intenções políticas, científicas e econômicas por trás de suas portas.

Pinel, inicialmente motivado a criar um ambiente ecológico para o doente, retirando-o da violência das dinâmicas familiares, viu sua intenção terapêutica ser subjugada pela institucionalização manicomial. As práticas totalitárias da instituição comprometeram a natureza terapêutica original, transformando-a em uma expressão manicomial desprovida de sua aura libertadora. O enfoque fisiológico e anatômico da loucura passou a prevalecer, com a alienação mental sendo interpretada não mais por registros comportamentais, mas sim por anomalias concretas, fisiológicas ou anatômicas (PESSOTI, 1993).

O paradigma psiquiátrico de Pinel, uma vez hegemônico, perdeu sua predominância na cultura europeia. Na Itália, por exemplo, uma reforma manicomial contemporânea à de Pinel baseou-se em pesquisas organicistas de orientação científica positivista. Nesse contexto, o modelo adotado era essencialmente materialista, fundamentado em pesquisas anátomo-fisiológicas, marcando a psicopatologia italiana do século XIX (PESSOTI, 1993). A visão predominante tornou-se aquela que enfatizava um imperativo de medicina fisiológica, desconsiderando o que não poderia ser tratado efetivamente no órgão e relegando palavras como "psicologia" a uma posição desfavorável em termos de respeitabilidade científica (PESSOTI, 1993).

O modelo clássico da psiquiatria, centrado no manicômio, continuou a ser propagado, influenciando práticas que perduram até os dias atuais. Esse modelo, ao reafirmar uma política de exclusão, valida uma prática que exclui a diferença e impede a criação e reinvenção do tratamento destinado à loucura. A busca por explicação do fenômeno da loucura, por meio da nosografia classificatória, acaba por resultar na exclusão de uma parcela da sociedade civil (AMARANTE, 1995).

O desenvolvimento da prática médica psiquiátrica gerou dispositivos disciplinares que permitiram o funcionamento do manicômio, mascarando a experiência trágica da loucura por meio de uma consciência crítica. No entanto, o avanço da sociedade em direção a valores mais justos e igualitários sugere a necessidade de experiências alternativas na atenção à loucura. Assim, a literatura científica aponta para a desnaturalização e desconstrução do caminho aprisionador da modernidade sobre a loucura, buscando formas de encarar o fenômeno que superem práticas que restrinjam a liberdade do sujeito ou o reduzem à etiologia de sua condição psíquica (AMARANTE, 1995).

Em conclusão, a história da instituição manicomial reflete uma jornada complexa e multifacetada, marcada por transformações significativas nas abordagens da sociedade em relação à loucura. O modelo proposto por Pinel, inicialmente impulsionado por ideais iluministas de humanidade e libertação, acabou por se desviar de suas intenções terapêuticas. O manicômio, que deveria servir como um ambiente ecológico para a cura, muitas vezes se transformou em uma instituição autoritária e fechada.

A dicotomia entre a ciência positivista da medicina mental e a mediação do louco com a sociedade gerou um dilema essencial na psiquiatria, enfraquecendo o modelo asilar original. A ascensão do pensamento positivista, com seu enfoque na medicina biológica e organicista, desviou a atenção da psicologia e do tratamento moral, promovendo uma visão mais restrita e fisiológica da loucura.

Ao longo do século XIX, os manicômios proliferaram, muitas vezes adotando práticas inadequadas e repressivas, distanciando-se dos cuidados terapêuticos propostos inicialmente. O modelo manicomial, que deveria ser um recurso terapêutico, transformou-se em um instrumento de segregação social, contribuindo para a exclusão de uma parte da sociedade civil.

O avanço do saber científico positivista e a busca por uma explicação objetiva da loucura eclipsaram as abordagens psicológicas e morais propostas por Pinel. A medicina fisiológica, centrada na anatomia e fisiologia, tornou-se dominante, desconsiderando aspectos comportamentais e psicológicos da loucura.

Diante dessas mudanças, surge a necessidade de uma revisão crítica do paradigma manicomial. A literatura científica aponta para a desnaturalização e desconstrução desse modelo aprisionador da modernidade sobre a loucura. Busca-se, assim, novas formas de encarar o fenômeno da loucura, superando práticas que restringem a liberdade do sujeito e reconhecendo a importância de uma abordagem mais humanizada e inclusiva na atenção à saúde mental.

Neste contexto, a história da instituição manicomial serve como um alerta para os desafios enfrentados na construção de abordagens mais éticas, holísticas e socialmente integradas para compreender e tratar a complexidade da experiência mental humana. O desafio contemporâneo reside em aprender com os erros do passado e avançar em direção a práticas que respeitem a diversidade, promovam a inclusão e valorizem a autonomia dos indivíduos em seu processo de recuperação.

# REFERÊNCIAS

AMARANTE, P. **Loucos pela vida**: a trajetória da reforma psiquiátrica no Brasil. Rio de Janeiro: Editora Fiocruz, 1995.

BARROS, D.D. **Jardins de Abel**: Desconstrução do manicômio de Trieste. São Paulo: Editora da Universidade de São Paulo, 1994.

DESVIAT, M. **A reforma Psiquiátrica**. Rio de Janeiro: Editora Fiocruz, 1999.

FOUCAULT, M. **História da Loucura**. 9. ed. São Paulo: Editora Perspectiva, 2010.

PESSOTTI, I. **O Século dos Manicômios**. 1. ed. São Paulo: Editora 34, 1996.

PINEL, P. **Traité Médico-Philosophique sur l'Aliénation Mentale ou la Manie**. Paris: Richard, Caille e Ravier, 1801.

# CAPÍTULO IV

## INTERNAÇÃO PSIQUIÁTRICA

Diversos termos, como *asile, madhouse, asylum* e *hospizio*, têm sido utilizados ao longo da história para designar instituições destinadas a abrigar e assistir pessoas consideradas "loucas". Essas nomenclaturas variam conforme o contexto histórico em que surgiram, sendo que o termo manicômio, criado no século XIX, passou a representar os hospitais psiquiátricos, com a missão de oferecer atendimento médico especializado e sistemático.

A prática de retirar os doentes mentais do convívio social e alojá-los em locais específicos remonta a períodos específicos da história, tendo sua origem destacada por Michel Foucault no século VII. Os primeiros hospícios europeus surgiram no século XV e posteriormente se expandiram por outras regiões, como Itália e França.

O século XVII testemunhou a proliferação dos hospícios, que abrigavam não apenas doentes mentais, mas também outros marginalizados. No entanto, o tratamento dispensado a essas pessoas era muitas vezes desumano, comparável ou até pior do que o recebido nas prisões, como documentado por testemunhos do século XIX.

Philippe Pinel, influenciado pelo Iluminismo e pela Revolução Francesa, desempenhou um papel crucial no início do século XIX, libertando pacientes dos manicômios das correntes. Ele defendeu uma abordagem "moral" no tratamento, enquanto outras correntes enfatizavam tratamentos físicos, considerando a loucura um mal orgânico.

Mesmo após reformas no século XIX, os manicômios continuaram a ser palco de práticas mais tortuosas do que médico-científicas. Correntes "morais" e organicistas coexistiram, e tratamentos físicos, como sangrias, banhos de água fria e eletrochoque eram comuns. Ao longo da história, houve oscilação entre ênfases nas correntes "morais" e organicistas.

O último século marcou uma maior contribuição das ciências humanas, reconhecendo a loucura como uma categoria social e questionando a institucionalização como prática histórica. O presente capítulo explora a internação psiquiátrica, abordando sua duração, modelos terapêuticos, comunidades terapêuticas, o modelo médico e o ambiente terapêutico Milieu.

## 4.1 MODELOS TERAPÊUTICOS

O estudo de Guimarães et al. (2013) revela a evolução dos modelos terapêuticos adotados no contexto manicomial entre as décadas de 1960 a 2000, conforme narrativas de profissionais de enfermagem. Um dos principais enfoques terapêuticos desse período estava centrado no uso de medicamentos, destacando-se a limitação desses recursos até o início da década de 1960. A escassez de fármacos eficazes levava à administração excessiva para controlar sintomas, evidenciando práticas terapêuticas que buscavam predominantemente a contenção dos pacientes.

Segundo os relatos, a psicofarmacologia teve um marco significativo em 1952, com o surgimento de substâncias como a clorpromazina, inaugurando a era dos neurolépticos. Medicamentos como Amplictil, Neozine e Haldol passaram a ser amplamente empregados no tratamento de transtornos mentais, marcando uma transição nos modelos terapêuticos da época. A introdução e o aprimoramento desses psicofármacos contribuíram para a diminuição dos sintomas decorrentes dos transtornos mentais (GUIMARÃES *et al.*, 2010).

Outro método terapêutico mencionado nas narrativas foi o uso do medicamento cardiazol, aplicado até o final da década de 1960. Essa prática, semelhante ao eletrochoque, envolvia a administração rápida do cardiazol via endovenosa, induzindo convulsões nos pacientes. Um dos colaboradores da pesquisa de Guimarães *et al.* (2013) destaca a eficácia dessa terapia em pacientes super agitados, especialmente quando a medicação oral não surtia efeito.

As terapias convulsivas, incluindo o uso do cardiazol, remontam ao século XVI, mas com o passar do tempo, foram sendo gradualmente descontinuadas em favor de métodos considerados mais seguros. O advento de neurolépticos e da eletroconvulsoterapia contribuiu para a substituição do cardiazol no final dos anos 40 (SABBATINI, 1997).

É crucial destacar que essas práticas terapêuticas, embora ilustram a história da psiquiatria, revelam um panorama marcado por métodos controversos e por uma compreensão limitada da doença mental. A análise desses modelos terapêuticos proporciona uma compreensão mais abrangente da evolução nas abordagens de tratamento em saúde mental.

O relato dos colaboradores de Guimarães *et al.* (2013) evidencia a diversidade de abordagens terapêuticas adotadas no contexto manicomial entre as décadas de 1960 a 2000, incluindo práticas como a insulinoterapia, o eletrochoque, a eletroconvulsoterapia (ECT), bem como a utilização de cubículos ou celas fortes.

A insulinoterapia, conforme descrita por um dos colaboradores de Guimarães et al (2013), consistia na aplicação progressiva de insulina subcutânea até levar o paciente ao coma. Esse método, introduzido por Manfred Sakel em 1933, era considerado eficaz para tratar psicoses, mas seu desuso acelerou-se com a constatação de que os resultados muitas vezes eram temporários, e a cura real não era alcançada (PASTORE, 2008).

A ECT, uma prática marcante até meados da década de 1970, era utilizada como recurso para diminuir a agitação e amenizar sintomas psicóticos. Contudo, a aplicação do eletrochoque causava temor e experiências traumáticas, sendo até utilizado como instrumento punitivo. Apesar da decadência do uso da ECT nos anos 60 e 70, ela ressurgiu nos últimos anos, sendo considerada efetiva para alguns transtornos mentais graves, conforme regulamentação do Conselho Federal de Medicina (CFM) no Brasil (SILVA, 2008).

Os cubículos ou celas fortes, mencionados pelos colaboradores de Guimarães *et al.* (2013), eram espaços restritivos utilizados para isolar pacientes agitados ou agressivos. Apesar de terem sido desativados no final da década de 1980 no hospital em estudo, esses cubículos eram locais onde os pacientes eram reclusos por tempo indeterminado, às vezes até por vários dias. Essa prática era muitas vezes vista como um castigo, refletindo uma abordagem desumana (GUIMARÃES, 2010).

Vale ressaltar que, diante das práticas desumanas evidenciadas, houve mudanças regulatórias para promover a humanização da assistência e preservação da cidadania das pessoas com transtorno mental. A Portaria MS n. 224/1992 proibiu a existência de celas fortes, reforçada pela Portaria GM n. 251/2002, sinalizando uma transformação nos modelos terapêuticos e na abordagem à saúde mental (BRASIL, 2002).

A praxiterapia, descrita pelos colaboradores, consistia em envolver os internos em atividades laborais, como horticultura e criação de animais, sob supervisão de funcionários. Embora essa prática proporciona ocupação aos pacientes, confirmando uma ação terapêutica, foi notado que, até a década de 1980, ela também serviu como um instrumento de exploração de trabalho (CANABRAVA et al., 2010).

A praxiterapia teve origens oficiais no Brasil em 1890, com o Decreto n. 206-A, destinado aos "alienados indigentes" capazes de trabalhar em colônias agrícolas e industriais. No entanto, essa abordagem também visava objetivos terapêuticos, proporcionando tratamento baseado no trabalho, especialmente em atividades agropecuárias e artesanais. A terapêutica ocupacional, instituída por Hermann Simon em 1903, utilizava a força de trabalho de pacientes para construir hospitais, destacando a melhoria resultante dessa atividade (BIRMAN; COSTA, 1994).

A praxiterapia foi uma das principais aplicações do tratamento moral, originando inúmeras instituições psiquiátricas, como colônias de alienados, em todo o Brasil. A ideia subjacente era que o trabalho na lavoura auxiliaria na recuperação das pessoas com transtornos mentais. Em um estudo realizado sobre terapias em um hospital psiquiátrico em Santa Catarina entre 1941 e 1961, a praxiterapia foi mencionada como uma forma de ocupar integralmente o tempo dos pacientes, desenvolvendo habilidades diversas (AMARANTE, 2006).

Apesar dos aspectos positivos associados à praxiterapia, a narrativa de um dos colaboradores de Guimarães et al (2013) revelou seu mau emprego até a década de 1980. Muitas vezes, essa técnica era imposta aos pacientes com foco na produtividade, chegando a situações de abuso físico, assemelhando-se a práticas de escravidão. Enquanto a praxiterapia, em teoria, visava à ação terapêutica e ao contato com a natureza, seu uso inadequado por profissionais da enfermagem, médicos e proprietários de hospitais resultou em efeitos iatrogênicos, em vez de curativos e de reabilitação. Essa constatação reforça a necessidade de reflexão crítica sobre a aplicação e os objetivos reais das práticas terapêuticas em saúde mental (BORENSTEIN *et al.*, 2007).

Os colaboradores de Guimarães et al (2013) relataram o uso do lençol de contenção, conhecido como "jacaré", até 1990, e intercalaram informações sobre a camisa de força. Enquanto destacaram a rapidez de aplicação do lençol de contenção, observaram que essa técnica poderia causar machucados nos pacientes. Por sua vez, a camisa de força ou colete era utilizada em casos de auto agressão, mantendo apenas os braços amarrados, permitindo que os pacientes andassem, embora com risco de queda.

A camisa de força, introduzida por Pinel no século XIX, substituiu correntes, algemas e celas fortes nos manicômios, sendo considerada uma forma menos dolorosa e mais transitória de contenção física. Durante mais de 50 anos, foi amplamente empregada no tratamento psiquiátrico no Brasil, confeccionada com lona resistente, mangas compridas e fechadas. No entanto, apesar de imobilizar apenas os membros superiores, aumentava o risco de quedas e ferimentos (PESSOTI, 1996; MAFTUM,; PAES *et al.*, 2009).

Os relatos dos colaboradores sobre o uso da camisa de força corroboram com resultados de pesquisas realizadas com profissionais de enfermagem em hospitais psiquiátricos. Os participantes mencionaram que, ao utilizar a camisa de força, era comum os pacientes caírem e se machucarem, às vezes necessitando de suturas. Destacaram que essa forma de contenção não evitava completamente que o paciente agredisse os outros, pois os membros inferiores ficavam livres para serem usados (GUIMARÃES et al., 2013).

Quanto ao lençol de contenção, os colaboradores e outros estudos coincidem ao apontar que, apesar de sua aplicação rápida, oferecia desconforto ao paciente devido à sua estrutura rudimentar, peso e potencial para causar ferimentos. Os pacientes, inclusive, o apelidaram de "arreio", enfatizando sua natureza incômoda e agressiva. Essas considerações sublinham os desafios éticos e práticos associados ao uso de técnicas de contenção física em saúde mental, destacando a importância de abordagens mais humanizadas e eficazes (MAFTUM, 20011; PAES et al., 2009; GUIMARÃES et al., 2013).

Os colaboradores também mencionaram a contenção física no leito por meio de faixas de tecido de algodão, uma técnica que persiste até os dias atuais. No entanto, destacaram que, devido às mudanças advindas da reforma psiquiátrica, essa prática não é mais a primeira escolha. Atualmente, é aplicada com indicação médica para proteção do paciente, de outros indivíduos e para proporcionar ao paciente um tempo para reflexão sobre seus atos. Cuidados específicos durante a contenção física foram ressaltados pelos colaboradores, incluindo a realização correta da técnica, monitoramento constante, verificação de dados vitais e condições circulatórias, além da supervisão de enfermagem (GUIMARÃES et al., 2013).

A contenção mecânica com faixas é empregada para assegurar a integridade física do paciente, proteger terceiros e, em casos de extrema agitação, proporcionar um período para o paciente se acalmar. Todos os procedimentos de contenção são realizados mediante prescrição médica. Um dos colaboradores enfatizou que o tempo de contenção não ultrapassa três horas, salvo em situações especiais que exigem monitoramento constante (GUIMARÃES et al., 2013).

Os cuidados durante a contenção são descritos pelos colaboradores de Guimarães et al (2013) como cruciais para garantir a abordagem terapêutica. Colocar o paciente próximo ao posto de enfermagem, evitar que fique sozinho, observação constante dos sinais vitais, avaliação do estado geral do paciente e, se necessário, intervenção médica são práticas destacadas para assegurar a segurança e o bem-estar do paciente durante a contenção (MAFTUM, 2011; PAES et al., 2009).

A contenção física no leito com faixas de tecido de algodão deve ser uma medida terapêutica realizada apenas como último recurso, após esgotadas as tentativas de acalmar o paciente verbalmente. Essa prática, envolvendo o uso de dispositivos mecânicos ou manuais para limitar os movimentos do paciente, deve ser objeto de discussão e normatização pela categoria profissional, garantindo sua realização de modo terapêutico e respeitoso, evitando o descaso ou punição a pacientes em momentos de sofrimento (MAFTUM, 2011; PAES et al., 2009).

Um estudo adicional destacou o uso da contenção física como terapêutica em situações de agitação psicomotora, agressividade e quando há necessidade de estabelecer limites. Os resultados sugerem que, quando utilizada corretamente, essa técnica pode contribuir para a redução da ansiedade, liberação de sentimentos de raiva e, em alguns casos, dispensar o uso de medicamentos, fornecendo um tempo para reflexão ao paciente contido (MAFTUM, 2011; PAES et al., 2009).

É crucial salientar a importância da discussão ética e normativa dessas práticas no contexto da saúde mental, garantindo que a contenção física seja aplicada de maneira terapêutica, respeitando a dignidade e os direitos dos pacientes.

Esses relatos e considerações oferecem informações valiosas sobre a evolução das práticas em saúde mental, destacando a necessidade contínua de reflexão e aprimoramento desses procedimentos.

## 4.2 COMUNIDADE TERAPÊUTICA

Como visto, a compreensão dos processos históricos das instituições de reclusão revela uma trajetória marcada por práticas de exclusão e tratamentos desumanos, fundamentados em lógicas que visavam controlar e disciplinar aqueles considerados desviantes em diferentes épocas. O percurso histórico, até aqui discutido nos capítulos anteriores, abordou a história da loucura, dos manicômios e diversas formas de tratamento que culminaram em instituições totais, caracterizadas pelo aprisionamento e disciplinamento dos sujeitos.

As formas de tratamento nessas instituições eram baseadas no trabalho forçado, fundamentadas na crença de que a ociosidade representava um perigo para a ordem social (FERRAZZA et al., 2016). Essa influência foi fundamental para o surgimento dos manicômios, nos quais a loucura foi aprisionada, marcando um deslocamento significativo da loucura para espaços de reclusão. Pinel, considerado o pai da psiquiatria, desempenhou um papel crucial nesse processo ao restringir a loucura às instituições (AMARANTE, 2007).

A institucionalização total do sujeito, compreendida como isolamento, tornou-se imperativa para o tratamento "correto" sob a perspectiva médica (AMARANTE, 2007). Essa prática refletiu o debate sobre a normalidade e anormalidade, contribuindo para a criação de espaços destinados à loucura, onde os alienados eram submetidos a trabalhos "terapêuticos." No entanto, essas práticas não eram isentas de violência, marcando o início de um percurso histórico que transformou a loucura em objeto de dois olhares: o moral e o médico.

Após a Segunda Guerra Mundial, a reflexão sobre os campos de concentração levou a uma mudança no olhar sobre o sofrimento psíquico, resultando na medicalização da loucura. No entanto, essa aparente libertação dos sujeitos do aprisionamento institucional foi substituída por um novo tipo de aprisionamento, caracterizado pela medicalização (AMARANTE, 2007). A história da loucura no Brasil, exemplificada pelo Hospital Psiquiátrico de Barbacena, revela práticas de exclusão e tratamentos desumanos, evidenciando o legado da violência e negligência institucional (ARBEX, 2019).

Diante desse contexto, emerge a necessidade de explorar as Comunidades Terapêuticas como uma possível alternativa contemporânea para os modelos tradicionais de tratamento, considerando a história da reclusão e a evolução das práticas de saúde mental.

O fenômeno do uso e abuso de substâncias psicoativas, especialmente no que tange ao consumo de drogas, tem sido alvo de abordagens moralizantes e superficiais na mídia e no discurso social contemporâneo. Krein (2022) destaca que a preocupação social em relação a esse fenômeno, entretanto, não é uma questão recente. Bolonheis-Ramos e Boarini (2015) destacam que, no século XX, o uso de substâncias psicoativas não era considerado uma preocupação social, sendo associado principalmente a pessoas abastadas. O pânico em torno do uso do crack, que surgiu posteriormente, levou a uma mudança nesse cenário, resultando em um aumento significativo no número de pessoas em tratamento nas Comunidades Terapêuticas, que atualmente atendem cerca de 80% dos usuários de substâncias psicoativas.

Krein (2022) afirma que a abordagem contemporânea do problema muitas vezes adota uma perspectiva de segurança nacional, negligenciando as complexidades biopsicossociais associadas ao fenômeno do uso de substâncias. Essa visão, por sua vez, acaba por legitimar a internação como resposta, sem considerar as questões sociais subjacentes (BOLONHEIS-RAMOS; BOARINI, 2015). O estigma associado aos toxicômanos contribui para a perpetuação de uma visão que os considera não humanos, ligados à monstruosidade dos instintos, privados de controle e razão. Essa percepção desumanizante justifica, em certa medida, a exclusão e a internação, mantendo a lógica do manicômio em um contexto contemporâneo (FOSSI; GUARESCHI, 2015).

O surgimento das Comunidades Terapêuticas remonta à década de 1940, na Grã-Bretanha, inicialmente voltadas para pessoas com problemas psiquiátricos crônicos, influenciadas pelo retorno dos militares da Segunda Guerra Mundial que apresentavam intenso sofrimento psíquico (FOSSI; GUARESCHI, 2015). Essa influência militar foi um ponto de partida, e ao longo dos anos, as comunidades terapêuticas expandiram seu escopo, dando origem, na década de 1960, às primeiras comunidades dedicadas ao tratamento do uso abusivo de substâncias psicoativas, inspiradas nos princípios dos Alcoólicos Anônimos (BOLONHEIS-RAMOS; BOARINI, 2015).

Conforme definido no Glossário de Álcool e Drogas (BRASÍLIA, 2010 apud KREIN, 2022), as comunidades terapêuticas são ambientes estruturados nos quais indivíduos com transtornos por uso de substâncias psicoativas residem para alcançar a reabilitação, geralmente isolados geograficamente (FOSSI; GUARESCHI, 2015). Essas comunidades têm sido pautadas em abordagens que visam a reintegração social e a superação do vício, refletindo, de certa forma, uma evolução do tratamento em relação ao antigo modelo manicomial.

O paradigma das Comunidades Terapêuticas, ao abordar o tratamento das toxicomanias, revela uma herança do modelo manicomial, com características que remontam aos antigos leprosários e manicômios (FOSSI; GUARESCHI, 2015). Essas instituições, por serem fechadas, adotam a segregação social como método de tratamento, impondo normas rígidas e exercendo controle sobre a vida dos usuários. Embora apresentem características confessionais em oposição aos princípios do Sistema Único de Saúde (SUS), essas comunidades foram integradas à rede de atenção em 2010, mesmo mantendo abordagens proibicionistas e de abstinência, em contraposição à lógica de redução de danos proposta pelo SUS (FOSSI; GUARESCHI, 2015).

A persistência dessas práticas questionáveis encontra justificativa moralizante na dependência química, o que tem sido objeto de críticas pela Reforma Psiquiátrica. A mudança de paradigma em 2019, por meio da Política Nacional de Drogas (Decreto nº 9.761/2019), reforçou a busca pela abstinência, direcionando investimentos prioritários para instituições alinhadas a esse modelo de tratamento.

Esse deslocamento do aparato manicomial, como observado por Amarante (2007), indica uma continuidade na busca por manter a ordem social, agora utilizando a contenção e aprisionamento em contextos de toxicomania.

Bolonheis-Ramos e Boarini (2015) citados por Krein (2022) destacam a transposição da loucura para a toxicomania, representando uma visão social que considera esses indivíduos como um fardo e nocivos à sociedade. A falta de investimentos nos serviços territoriais para as toxicomanias contribui para a prevalência do internamento, visto como mais aceitável socialmente em relação ao uso de substâncias psicoativas.

A lógica de normalização do que é entendido como anormal pelo social se manifesta na institucionalização daqueles que fazem uso de substâncias psicoativas, sujeitando-os a práticas desumanizadas e tornando-os objetivos de controle social. Essa lógica, conforme Fossi & Guareschi (2015), reflete uma percepção que despreza os direitos desses sujeitos, submetendo-os a uma condição de inferioridade.

Contrariando as perspectivas da Atenção Psicossocial e da Reforma Psiquiátrica Brasileira, as Comunidades Terapêuticas parecem resgatar antigos preceitos das práticas de internação, evidenciando um investimento em um processo contrário às transformações desejadas nesse contexto (FERRAZZA et al., 2016).

Dentro dessas instituições, a participação em atividades, sejam elas religiosas ou de trabalho, é obrigatória. O trabalho, considerado um recurso terapêutico, é imposto de forma compulsória, ressaltando os "malefícios da ociosidade" (FERRAZZA et al., 2016). Basaglia (1985/2001) adverte sobre os perigos do simples reformismo psiquiátrico, e Amarante (2007) destaca que o internamento, ao se dar com limitações, pode resultar em retrocessos.

A manutenção dessas disposições sociais requer formas de controle social para garantir a conformidade das pessoas à ordem estabelecida. De acordo com Goffman (1961/2015), às instituições totalizantes, como as Comunidades Terapêuticas, exercem controle social, mantendo as pessoas dentro da ordem e submissão às normas estabelecidas. O Conselho Federal de Psicologia (2011) denuncia práticas desumanizadas nessas instituições, incluindo trabalhos forçados sem remuneração, violência, contenção física ou medicamentosa e práticas punitivas.

Krein (2022) enfatiza que o pensamento higienista, excludente e de caráter manicomial nas Comunidades Terapêuticas entra em conflito com os princípios do SUS e da Lei 10.216/2001, que preconiza os direitos das pessoas em sofrimento psíquico, o tratamento com dignidade e em liberdade. Diante desse panorama, é crucial questionar o que está em pauta no tratamento das toxicomanias, um compromisso social que visa repensar a relação da sociedade com a loucura, marcada pela violência e pelo abandono (AMARANTE, 2007). A compreensão da loucura está intrinsecamente relacionada ao discurso social, podendo-se afirmar que normalizar é também a manicomialização.

## 4.3 AMBIENTE TERAPÊUTICO-"MILIEU"

No panorama em constante evolução da saúde mental, a Terapia Milieu emerge como uma abordagem que reflete a transformação das perspectivas de cuidado ao longo das décadas. Desenvolvida de maneira mais proeminente entre os anos 60 e o início dos anos 80, a *Milieu therapy* foi inicialmente concebida como parte integrante de programas de reabilitação social, estabelecendo uma dinâmica ativa entre o cliente e a equipe. Nesse contexto, a autonomia do cliente era valorizada, e os cuidados se concentravam nas relações interpessoais estabelecidas durante o processo terapêutico (TOWSEND, 2011).

Entretanto, à medida que a concepção de cuidados em saúde mental se transformava, a *Terapia Milieu* também passou por modificações significativas. Observou-se uma transição na ênfase dada à duração do tempo de internamento, priorizando internações breves, enquanto a finalidade do internamento passava a focalizar a gestão do risco clínico e a incorporação da psicofarmacologia como parte integrante do tratamento (MAHONEY *et al.*, 2009; TOWSEND, 2011; BANKS; PRIBE, 2020).

Nesse contexto de mudanças, Mahoney *et al.* (2009) propõem que a criação de um ambiente terapêutico eficaz requer uma abordagem centrada no cliente e na relação terapêutica. O conceito de ambiente terapêutico abarca as dimensões física, relacional e de trabalho em equipe, destacando a interconexão desses elementos para proporcionar um contexto propício à recuperação e ao cuidado integral.

Segundo Green (2018), a *Milieu therapy* defende que um ambiente só pode ser considerado terapêutico se for estruturado e definido com propósito e intencionalidade, orientando os cuidados de saúde nas diversas dimensões: social, psicológica, espiritual, física e comportamental. No contexto hospitalar de psiquiatria, a aplicação desse modelo permite utilizar o ambiente como uma ferramenta de intervenção, incentivando o cliente a manter a orientação quanto à pessoa, espaço, tempo e situação, enquanto desenvolve uma rotina estruturada.

A intervenção no ambiente, conforme destacado por Green (2018), envolve uma atenção equitativa às suas características físicas e metafísicas. Além disso, a influência da equipe multidisciplinar nesse ambiente terapêutico é essencial (GREEN, 2018; VASCONCELOS, 2023).

Banks e Pribe (2020) reforçam a premissa de que o ambiente terapêutico desempenha um papel crucial na promoção do cuidado e recuperação de indivíduos com doença mental. Nesse contexto, a atenção ao ambiente terapêutico em contextos de internamento hospitalar de psiquiatria revela a capacidade de reduzir incidentes violentos, lesões autoinfligidas ou infligidas a outros, bem como o uso de práticas restritivas, como a contenção mecânica ou o isolamento.

Este tópico explora detalhadamente a evolução da Terapia Milieu, destacando seu papel no cenário contemporâneo de saúde mental e sua contribuição para a promoção de ambientes terapêuticos que favoreçam a recuperação e o bem-estar dos indivíduos atendidos.

Para Bhat, Rentala, Nanjegowda e Chellappan (2019), a responsabilidade do enfermeiro na criação de um ambiente terapêutico seguro é crucial para promover a recuperação, destacando intervenções de baixo custo e seguras. Essas intervenções incluem a identificação de limites que podem comprometer a segurança do indivíduo, o estímulo à expressão de sentimentos e emoções, e a promoção de um ambiente saudável entre os membros da equipe. Essa abordagem reforça a ideia de que a Terapia Milieu é uma estratégia abrangente que incorpora ações simples, mas impactantes, no cuidado da saúde mental.

Conforme destaca Vasconcelos (2023), Gunderson (1978) identificou cinco condições fundamentais para caracterizar um ambiente como terapêutico, alinhando-se com a hierarquia das necessidades de Maslow. Essas condições abrangem a estrutura e a contenção para atender às necessidades fisiológicas e de segurança, enquanto, para desenvolver as necessidades de amor/relacionamento e estima, o ambiente terapêutico deve fornecer suporte e apoio, validação da individualidade e autoestima, e interação social (MAHONEY et al., 2009; GREEN, 2018).

Taylor (1992) complementa essa visão ao descrever as características essenciais que um ambiente terapêutico deve possuir para promover a melhoria da autoestima, aprimorar as relações interpessoais e permitir uma participação ativa na comunidade. Essas características incluem a satisfação das necessidades físicas do paciente, o respeito pela individualidade, a definição clara da autoridade para tomada de decisões, a proteção contra danos auto infligidos ou infligidos a outros, a progressiva liberdade de escolha, a consistência da equipe, espaço para testes de novos padrões de comportamento, ênfase na interação social, e uma programação estruturada, mas flexível.

Avaliar continuamente como a pessoa se comporta é enfatizado por Taylor (1992), destacando a importância de intervenções centradas nas necessidades específicas, em vez de tratar os indivíduos como membros de uma multidão. O ambiente terapêutico deve oferecer atividades estruturadas para fornecer expectativas claras, ao mesmo tempo que é flexível o suficiente para adaptações quando necessário.

Grech et al. (2020) evidenciam, através de um estudo qualitativo, que a percepção das pessoas internadas sobre o ambiente terapêutico destaca a importância da interação na comunidade terapêutica, o estabelecimento de relações de confiança com os profissionais, a presença de um espaço exterior e a existência de programas terapêuticos estruturados, reforçando a relevância da intervenção da equipe multiprofissional na criação e manutenção de um ambiente terapêutico eficaz.

A comunidade terapêutica é um notável exemplo em que o próprio ambiente é empregado como uma ferramenta terapêutica. Definida como uma unidade especializada de tratamento residencial de longa duração, em regime de internamento, busca reorganizar o mundo interno do cliente por meio de apoio psicoterapêutico e socioterapêutico, privilegiando a dinâmica comunitária (Instituto da Droga e Toxicodependência, 2011). Dessa forma, a intervenção visa criar um ambiente propício para que a pessoa aumente a consciência sobre seus sentimentos, impulsos, comportamentos e pensamentos, fortaleça a autoestima, avaliar realisticamente os aspectos de seu comportamento e experimente novas habilidades interpessoais em um ambiente seguro (TAYLOR, 1992). Townsend (2011) complementa, destacando que cada interação representa uma oportunidade de intervenção terapêutica, e a inclusão da família e pessoas significativas deve ser considerada.

Vasconcelos (2023) pontua que a criação e manutenção do ambiente terapêutico constituem um processo dinâmico influenciado pela interação entre a equipe e o cliente, moldado pelas atitudes e expectativas de ambos. Nesse sentido, é afirmado que o ambiente só é terapêutico quando é flexível e atende às necessidades individuais de cada cliente, avaliadas de acordo com sua capacidade de assumir responsabilidade por sua vida e compreender o que é terapêutico para si mesmo. De acordo com Benfer e Schroder (1985), um ambiente terapêutico deve oferecer atividades que promovam a satisfação das necessidades fisiológicas do cliente, estimulem o sentido de organização, desenvolvam habilidades interpessoais e de resolução de problemas, e incentivem uma vida produtiva dentro de suas capacidades e potencialidades.

Ao contextualizar a evolução da terapia Milieu, é esclarecedor apresentar uma visão do passado que destaca práticas e abordagens precursoras. O relato de Marcelo Blaya (1963) fornece uma janela para o cenário psiquiátrico da época, revelando práticas que eram, naquele contexto, consideradas inovadoras.

Blaya descreve um método de tratamento hospitalar que abordava a doença mental através de diversas frentes: psicoterapia, uso de drogas tranquilizadoras e energizadoras, e a estruturação do ambiente hospitalar como fator terapêutico. A abordagem integrada envolvia uma equipe multidisciplinar, incluindo psiquiatras, enfermeiros, terapeutas ocupacionais, assistentes sociais, psicólogos e recreacionistas.

É notável que, naquela época, métodos como o eletrochoque e o coma insulínico eram considerados procedimentos padrão em determinadas condições psiquiátricas. A prática era fundamentada na busca por redução da angústia e controle dos sintomas. No entanto, críticas contemporâneas se voltam para as preocupações éticas e segurança do paciente associadas a essas técnicas.

A introdução dos tranquilizadores, destacada por Blaya (1963), marcou uma mudança significativa na abordagem psiquiátrica, tornando obsoletas precauções como celas de segurança e medidas de contenção. Esses medicamentos, especialmente os derivados da fenotiazina, desempenharam papel crucial no tratamento, atuando como antipsicóticos e possibilitando uma maior difusão da abordagem de comunidade terapêutica.

Outro ponto de destaque no relato de Blaya é a ênfase nas relações interpessoais e na terapia ocupacional como métodos essenciais. Ele descreve o teatro, o cinema, a televisão, os esportes e os jogos como formas de oferecer ao paciente oportunidades para expressar ou sublimar impulsos instintivos e necessidades emocionais.

Ao apresentar esse panorama histórico, é evidente que as práticas e abordagens mencionadas por Blaya (1963) foram inovadoras em sua época. No entanto, à luz do progresso contemporâneo na compreensão da saúde mental e na ética médica, reconhecemos a necessidade de uma evolução contínua, destacando a importância de abordagens mais centradas no paciente, holísticas e éticas na terapia Milieu moderna. Essa análise retrospectiva nos ajuda a apreciar a jornada da psiquiatria e a compreender as mudanças que moldaram a prática atual da terapia Milieu.

## REFERÊNCIAS

AMARANTE, P. **Saúde Mental e Atenção Psicossocial**. Rio de Janeiro: Editora Fiocruz, 2007.

BIRMAN, J. Costa JF. Organização de instituições para uma psiquiatria comunitária. In: Amarante P, organizador. **Psiquiatria social e reforma psiquiátrica**. Rio de Janeiro: Fiocruz; 1994. p. 41-53.

BORENSTEIN MS; PADILHA, M.I.C.S; RIBEIRO, A.A.A, Pereira VP, Ribas DL, Costa E. Terapias utilizadas no Hospital Colônia Sant'Ana: berço da psiquiatria catarinense (1941-1960). **Rev Bras Enfermagem**, Florianópolis-SC, v. 60, n. 6, p. 665-669, nov./dez., 2007.

BRASIL. **Resolução N. 1.640**, de 10 de julho de 2002. Dispõe sobre a eletroconvulsoterapia e dá outras providências. Diário Oficial da União, 9 Ago 2002. Seção 1.

CANABRAVA DS, SOUZA TS, FOGAÇA MM, GUIMARÃES AN, BORILLE DC, VILLELA JC, et al. Tratamento em saúde mental: estudo documental da legislação federal do surgimento do Brasil até 1934. **Rev Eletr Enferm** [online], v. 12, n. 1, 2010. Disponível em: http://www.fen.ufg.br/fen_revista/v12/n1/pdf/v12n1a21.pdf. Acesso em: 20 jan. 2024.

FERRAZZA, D. A., SANCHES, R. R.; ROCHA, L. C.; & JUSTO, J. S. (2016). Comunidades Terapêuticas em novas configurações do manicomialismo. **ECOS Estudos Contemporâneos da Subjetividade**, 2, 363-375. Disponível em: http://www.periodicoshumanas.uff.br/ecos/article/view/2106/1501. Acesso em: 20 jan. 2024.

GUIMARÃES AN, FOGAÇA MM, BORBA LO, PAES MR, LAROCCA LM, MAFTUM MA. O tratamento ao portador de transtorno mental: um diálogo com a legislação federal brasileira (1935-2001). **Texto Contexto Enferm.**, Curitiba-PR, v. 19, n. 20, p. 274-282, abr./jun., 2010.

PAES MR, BORBA LO, BRUSAMARELLO T, GUIMARÃES AN, MAFTUM MA. Contenção física em hospital psiquiátrico e a prática da enfermagem. **Rev Enferm. UERJ**, v. 17, n. 4, p. 479-484, out./dez., 2009.

PAES MR, BORBA LO, MAFTUM MA. Contenção física de pessoas com transtorno mental: percepções da equipe de enfermagem. **Cienc Cuid Saude**, Curitiba-PR, v. 10, n. 2, p. 240-247, abr./jun., 2011.

PESSOTI I. **O século dos manicômios**. São Paulo: Editora 34, 1996.

SADOCK BJ, SADOCK VA. **Compêndio de psiquiatria**: ciência do comportamento e psiquiatria clínica. 9. ed. Porto Alegre: Artmed, 2007.

SABBATINI RME. A história da terapia por choque em psiquiatria. **Rev Cérebro Mente** [online], v. 4, n. 4, 1997. Disponível em: http://www.cerebromente.org.br/n04/historia/shock.htm. Acesso em: 15 jan. 2024.

SILVA MLB, CALDAS MT. Revisitando a técnica de eletroconvulsoterapia no contexto da reforma psiquiátrica brasileira. **Psicol Cienc Prof.**, v. 28, n. 2, p. 344-361, abr./jun., 2008.

ARBEX, D. **Holocausto Brasileiro**. Rio de Janeiro: Intrínseca, 2019.

BANKS, C. & PRIEBE, S. Scales for assessing the therapeutic milieu in psychiatric inpatient settings: a systematic review. **General Hospital Psychiatry**, v. 66, p. 44-50, 2020. DOI: 10.1016/j.genhosppsych.2020.06.014. Acesso em: 29 out. 2020.

BASAGLIA, Franco. (1985). **A Instituição negada**: relato de um hospital psiquiátrico. 3. ed. Tradução de H. Jahn. Rio de Janeiro: Edições Graal, 2001.

BHAT, S., RENTALA, S., NANJEGOWDA & CHELLAPPAN, X. B. (2019). Effectiveness of Milieu Therapy in reducing conflicts and containment rates among schizophrenia patients. **Invest Educ Enferm**, v. 38, n. 1. DOI: https://doi.org/10.17533/udea.iee.v38n1e06. Acesso em: 30 out. 2020.

BLAYA, M.. Ambientoterapia: comunidade terapêutica. **Arquivos de Neuro-Psiquiatria**, v. 21, n. 1, p. 39-43, mar. 1963.

BOLONHEIS-RAMOS, R. C. M., & BOARINI, M. L. (2015). Comunidades terapêuticas: "novas" perspectivas e propostas higienistas. **História, Ciências, Saúde**, Manguinhos, v. 22, n. 4, p. 1231-1248. DOI: http://dx.doi.org/10.1590/S0104-59702015000400005. Acesso em: 30 out. 2020.

CONSELHO FEDERAL DE PSICOLOGIA. **Relatório da 4ª Inspeção Nacional de Direitos Humanos**: locais de internação para usuários de drogas. 2. ed. Brasília: CFP, 2011.

BRASIL. **Decreto nº 9.761**. (2019, 11 de abril). Aprova a Política Nacional sobre Drogas. Recuperado de http://www.planalto.gov.br/ccivil_03/_ato2019-2022/2019/decreto/D9761.htm. Acesso em: 30 nov. 2023.

FERRAZZA, D. A., SANCHES, R. R., ROCHA, L. C., & JUSTOJ, J. S. (2016). Comunidades Terapêuticas em novas configurações do manicomialismo. **ECOS Estudos Contemporâneos da Subjetividade**, v. 2, p. 363-375. Disponível em: http://www.periodicoshumanas.uff.br/ecos/article/view/2106/1501. Acesso em: 30 out. 2023.

FOSSI, L. B., & GUARESCHI, N. M. F. O modelo de tratamento das comunidades terapêuticas: práticas confessionais na conformação dos sujeitos. **Estudos e Pesquisas em Psicologia,** São Paulo-SP, v. 15, n. 1, p. 94-115, 2015. Disponível em: http://pepsic.bvsalud.org/pdf/epp/v15n1/v15n1a07.pdf. Acesso em: 30 nov. 2023.

GRECH, P., SCERRI, J., VINCENTI, S. V., SAMMUT, A., GALEA, M., BITAR, D. C. & SANT, S. D. Service Users' Perception of the Therapeutic Milieu in a Mental Health Rehabilitation Unit. **Issues in Mental Health Nursing,** p. 1-8, 2020. DOI: 10.1080/01612840.2020.1757797. Acesso em: 30 out. 2020.

GUNDERSON, J. G. Defining the therapeutic processes in psychiatric milieus. **Psychiatry**, v. 41, n. 4, p. 327-335, 1978. DOI: 10.1080/00332747.1978.11023992. Acesso em: 10 dez. 2022.

INSTITUTO DA DROGA E TOXICODEPENDÊNCIA. **Linhas Orientadoras para o Tratamento e Reabilitação em Comunidades Terapêuticas.** 2011.Cartilha Departamento de Tratamento e Reinserção. p. 1-47. Disponível em:https://www.sicad.pt/BK/Intervencao/TratamentoMais/Documentos%20Partilhados/LinhasOrientadorasTratamentoReabilitacaoComunidadesTerapeuticas.pdf. Acesso em: 10 dez. 2022.

KREIN, C. E. Manicômios com nova roupagem: o deslocamento do aparato manicomial para comunidades terapêuticas. **Cadernos de PsicologiaS**, Curitiba, n. 3, 2022. Disponível em: https://cadernosdepsicologias.crppr.org.br/manicomios-com-nova-roupagem-o-deslocamento-do-aparato-manicomial-para-comunidades-terapeuticas/. Acesso em: 10 dez. 2022.

MAHONEY, J.S., PALYO, N., NAPIER, G. & GIORDANO J. The therapeutic milieu reconceptualized for the 21st century. **Arch Psychiatr Nurs**, v. 23, n. 6, p. 423-429, 2009. DOI: 10.1016/j.apnu.2009.03.002. Acesso em: 18 out. 2020.

TAYLOR, C. **Fundamentos de Enfermagem Psiquiátrica de Mereness.** 13. ed. Porto Alegre: Artes Médicas, 1992.

TOWSEND, M. **Enfermagem em Saúde Mental e Psiquiátrica**. Conceitos de Cuidado na Prática Baseada na Evidência. 6. ed. Loures: Lusociência, 2011.

VASCONCELOS, L. F. (2023). **O ambiente terapêutico segundo a milieu therapy**: uma intervenção especializada. Dissertação (Mestrado em Enfermagem) — ESEL, Escola Superior de Enfermagem de Lisboa, 2022. Disponível em: http://hdl.handle.net/10400.26/43887. Acesso em:20 nov. 2023.

# CAPÍTULO V

# A REFORMA PSIQUIÁTRICA

O filme "Bicho de Sete Cabeças" (2000) é um retrato contundente da dura realidade dos hospícios manicomiais, revelando uma abordagem quase documental em vez de uma narrativa ficcional, já que é baseado no livro autobiográfico de Austregésilo Carrano Bueno - *Canto dos Malditos*. Essa representação vívida serve como denúncia poderosa do sistema manicomial, alimentando as críticas do Movimento da Luta Antimanicomial (MARQUES, 2017).

No cerne dessa narrativa está a experiência de um jovem, Neto, interpretado por Rodrigo Santoro, que ao apresentar comportamentos de rebeldia é internado pela família, de maneira compulsória, para o universo assombroso de um hospital psiquiátrico. O filme, dirigido por Laís Bodanzky, mergulha nas entranhas desse ambiente desconcertante, expondo não apenas a desumanidade das práticas institucionais, mas também a vulnerabilidade do indivíduo diante de um sistema opressivo.

A película transmite, com impacto visceral, a desolação e a alienação enfrentadas pelos internos, explorando a desconexão entre a realidade deles e a percepção distorcida que o sistema manicomial muitas vezes impõe. Ao fazê-lo, o filme não apenas retrata os horrores dessas instituições, mas também questiona profundamente a validade de um sistema que, em nome do tratamento, perpetua abusos e negligências.

A trajetória do protagonista, conduzida por uma série de eventos perturbadores, pinta um quadro angustiante da desumanização que permeia os hospitais psiquiátricos. As cenas, por vezes chocantes, provocam a reflexão do espectador sobre a necessidade urgente de mudança e reforma nesse sistema.

A conexão entre o filme e o Movimento da Luta Antimanicomial torna-se evidente ao examinarmos como a obra de Bodanzky ecoa as críticas e desafios levantados pelos ativistas. A sensação de realismo do filme amplifica a urgência da causa, instigando a audiência a questionar a validade de instituições que, ao invés de curar, perpetuam o sofrimento e a marginalização.

Iniciado por Franco Basaglia (1924-1980), o movimento da reforma psiquiátrica surgiu como resposta às práticas inadequadas nos hospitais psiquiátricos. Basaglia, um psiquiatra visionário, liderou mudanças práticas e teóricas, conhecidas como Psiquiatria Democrática, inspirando a luta antimanicomial. Ele questionou a eficácia do isolamento manicomial e propôs substituir o modelo por atendimentos terapêuticos em centros comunitários.

A partir das experiências em Gorizia, Itália, Basaglia concluiu que a psiquiatria isolada não era suficiente e que uma abordagem mais aberta e democrática era necessária. Sua visão influenciou a reforma psiquiátrica na Itália, culminando na aprovação da Lei 180, em 1978, um marco que inspirou transformações no tratamento de saúde mental em todo o mundo (BATISTA, 2014).

No Brasil, o Movimento dos Trabalhadores em Saúde Mental e o Movimento Sanitário foram fundamentais para a iniciativa da reforma psiquiátrica. Em 1987, o encontro de grupos pró-políticas antimanicomiais resultou na proposta de reformulação do sistema psiquiátrico brasileiro. Essa proposta se consolidou como a Luta Antimanicomial, com a conscientização sobre os direitos dos pacientes, a reeducação da sociedade e a busca por tratamentos dignos (BATISTA, 2014).

Embora a legislação brasileira tenha avançado, com a Lei Paulo Delgado em 2001, ainda persistem desafios. A criação da rede de atenção à saúde mental, junto com o SUS, trouxe avanços, mas a completa implementação da reforma psiquiátrica ainda é um objetivo em aberto.

A trajetória do Movimento da Luta Antimanicomial, com seus núcleos autônomos em todo o Brasil, reflete a busca constante por avanços. Em seus encontros nacionais, democráticos e descentralizados, os participantes discutem estratégias e princípios para promover a reforma. Nesse cenário, a figura marcante de Nise da Silveira, uma defensora pioneira da humanização no tratamento psiquiátrico, destaca-se por sua visão transformadora.

O presente capítulo explora a resistência e os avanços da reforma psiquiátrica, destacando as estratégias do Movimento da Luta Antimanicomial e sua relevância contínua na promoção de uma abordagem mais humana e inclusiva à saúde mental.

## 5.1 A CRÍTICA AO MODELO MANICOMIAL

No rastro das transformações pós-Segunda Guerra Mundial, movimentos de "psiquiatria reformada" começaram a emergir em diversas partes da Europa e nos Estados Unidos, questionando as bases e a natureza do conhecimento médico hegemônico (AMARANTE, 1998). Esses movimentos, que se desdobraram em três momentos distintos, apresentam críticas específicas em relação à psiquiatria.

No primeiro momento, que teve destaque na Inglaterra com a comunidade terapêutica e na França com a psicoterapia institucional, focalizou sua reforma no espaço asilar. Tanto a abordagem de Maxwell Jones, defensor da comunidade terapêutica, quanto a proposta de François Tosquelles com a psicoterapia institucional, buscavam resgatar o potencial terapêutico das instituições, considerando-as locais de interação social e recuperação ativa (AMARANTE, 1998).

A transição para o segundo momento ocorreu com a psiquiatria de setor na França e a psiquiatria comunitária ou preventiva nos Estados Unidos. Essas abordagens não se limitaram ao espaço asilar, estendendo-se ao espaço público para prevenir doenças mentais e promover a saúde mental. A psiquiatria de setor propunha o tratamento do paciente em seu meio social, enquanto a psiquiatria preventiva norte-americana buscava identificar áreas sociais e sujeitos propensos a distúrbios mentais para intervir preventivamente (AMARANTE, 1998).

No entanto, tanto no primeiro quanto no segundo momento, a crítica não se estendeu à função e aos saberes que legitimam a psiquiatria. Ambos os períodos tentaram recuperar o potencial terapêutico da psiquiatria clássica, sem questionar profundamente seus fundamentos (AMARANTE, 1998).

O terceiro momento, marcado pela antipsiquiatria na Inglaterra e pela tradição iniciada por Franco Basaglia na Itália, representa uma virada mais radical. A antipsiquiatria questionou a própria noção de loucura, vendo-a como um fenômeno social, político e até mesmo libertador. O louco, segundo essa perspectiva, é vítima da alienação geral, sendo segregado por contestar a ordem pública (AMARANTE, 1998, p. 26).

A influência de Franco Basaglia na Psiquiatria Democrática Italiana (PDI) e a promulgação da Lei Basaglia, em 1978, foram determinantes para a progressiva extinção dos manicômios na Itália (AMARANTE, 1998; SERAPIONI, 2019).

Esses movimentos, notadamente a antipsiquiatria e a tradição de Basaglia, desencadearam uma desconstrução do aparato psiquiátrico, questionando os saberes e práticas que o legitimam. A crítica, portanto, ultrapassou a esfera do tratamento asilar, provocando uma reavaliação profunda da psiquiatria como competência científica (AMARANTE, 1998).

Basaglia, influenciado por duas experiências marcantes, criticou a correlação entre punição e terapeutização, destacando a necessidade de uma ação pedagógica moral que restituísse dimensões de razão e equilíbrio (AMARANTE, 1998, p. 28). Ele questionou a separação entre sociedade e loucura, percebendo-a como uma tentativa da psiquiatria de produzir um saber acerca do louco, desconsiderando as dimensões sociais e promovendo um discurso moralizante sobre o paciente.

As experiências em Gorizia e Trieste foram cruciais. Em Gorizia, a impossibilidade histórica da instituição psiquiátrica lidar com a diferença resultou em exclusão e controle. Em Trieste, ocorreu o desmonte do aparato institucional e discursivo da psiquiatria, dando lugar a um novo circuito de atenção com centros de saúde, grupos-apartamento e cooperativas de trabalho. A Lei Basaglia, de 1978, marcou a transição para a instituição inventada, substituindo os manicômios extintos por esse novo circuito de atenção (HEIDRICH, 2007).

A influência da reforma psiquiátrica italiana reverberou no cenário brasileiro. A crise da Divisão Nacional de Saúde Mental (DINSAM) em 1978, marcada por denúncias e greves, revelou condições precárias de trabalho e abusos nas instituições de saúde mental no Brasil (AMARANTE, 1998). O Movimento dos Trabalhadores de Saúde Mental (MTSM) surgiu nesse contexto, unindo trabalhadores da saúde, integrantes do movimento sanitário, pessoas com histórico de internações, familiares e sindicalistas na luta por transformações na assistência psiquiátrica e na organização corporativa (DEL'OLMO; CERVI, 2017).

## 5.2 A REFORMA DA PSIQUIATRIA BRASILEIRA

Conforme Amarante et al., (2020), a Reforma Psiquiátrica no Brasil é um fenômeno complexo, marcado por diversas influências e protagonistas que contribuíram para sua consolidação. Ao abordar o início desse processo, é crucial estabelecer critérios claros para delimitar sua origem. Personalidades como Juliano Moreira, Ulisses Pernambucano, Osório César, Nise da Silveira, Oswaldo Santos e outros são mencionados como figuras que, de alguma forma, desencadearam práticas transformadoras no campo da assistência psiquiátrica.

Para compreender a Reforma Psiquiátrica no Brasil, é essencial situá-la em um contexto específico. A denominação desse movimento refere-se a um conjunto de atores sociais e uma conjuntura que se inicia em 1976, embora a demarcação desse marco não seja rígida e excludente (AMARANTE *et al.*, 2020). O escopo desse processo não se limita a proporcionar um tratamento mais humano e tecnicamente eficaz para pessoas em transtorno mental. Ele vai além, visando construir um novo lugar social para essa condição, transformando as práticas da psiquiatria tradicional e de outras instituições da sociedade (BIRMAN, 1992).

A Reforma Psiquiátrica não busca apenas reformular o modelo assistencial ou introduzir melhorias na assistência psiquiátrica hospitalar. Seu objetivo fundamental é transformar as relações da sociedade com a condição subjetiva e concreta das pessoas consideradas em transtorno mental (AMARANTE *et al.*, 2020). Em outras palavras, visa intervir nas relações da sociedade com a loucura, combatendo a exclusão e promovendo estratégias de inclusão social dos sujeitos. Esse processo é pautado por princípios éticos fundamentais, como inclusão, solidariedade e cidadania.

A Reforma Psiquiátrica é caracterizada como um processo social complexo, o que implica dinamismo, pluralidade e interconexão entre diversas dimensões simultâneas. Essa complexidade reflete-se na participação não apenas de profissionais da saúde, mas também de familiares, lideranças comunitárias, formadores de opinião e, acima de tudo, dos próprios sujeitos com diagnóstico de transtorno mental, que desempenham um papel ativo e protagonista nesse movimento de transformação social (AMARANTE *et al.*, 2020).

Dessa forma, a Reforma Psiquiátrica no Brasil é um fenômeno que transcende o âmbito assistencial, almejando mudanças profundas nas relações sociais, éticas e políticas em relação à condição das pessoas em transtorno mental. Seu caráter complexo e dinâmico reflete a necessidade de uma abordagem abrangente e articulada para promover uma transformação significativa na abordagem da sociedade em relação à loucura.

Amarante *et al.* (2020) sistematiza a conceituação da reforma psiquiátrica brasileira em quatro dimensões, exploradas a seguir.

A dimensão teórico-conceitual ou epistemológica aborda a transformação do saber psiquiátrico ao longo do tempo, desde a concepção de loucura até a contemporaneidade, marcada pelo conceito de transtorno mental. No contexto da Reforma Psiquiátrica no Brasil, há uma necessidade de questionar as bases conceituais, como alienação mental, doença mental, e outros termos associados, como "norma/normalidade", "cura" e "periculosidade".

A crítica se estende à função terapêutica dos hospitais psiquiátricos, que, em muitos casos, tornaram-se verdadeiros depósitos, locais de isolamento e abandono, gerando reflexões sobre a relação entre profissionais de saúde, sociedade e indivíduos em tratamento. A Reforma Psiquiátrica propõe uma revisão desses saberes e práticas, buscando novas abordagens de cuidado e tratamento, afastando-se do isolamento, da segregação e da violência.

A introdução do conceito de "cuidado psicossocial" busca abordar a pessoa em sua integralidade, considerando tanto a dimensão psíquica/mental quanto a dimensão social. Isso implica em questionar e superar noções como "periculosidade", "incapacidade" e "irresponsabilidade civil", originárias da psiquiatria tradicional e muitas vezes vinculadas a práticas institucionais violentas e excludentes.

Na dimensão técnico-assistencial, as reflexões da dimensão epistemológica influenciam os princípios, objetivos e práticas relacionadas ao planejamento das novas estruturas de cuidado. A Reforma Psiquiátrica busca substituir o modelo centrado na hospitalização por uma abordagem integrada, proporcionando atenção ao indivíduo em seu local de domicílio e território social.

Essa mudança implica na formação de uma rede territorial de atenção em saúde mental diversificada, que vai desde a atenção primária até serviços substitutivos de atenção psicossocial, residências assistidas, estratégias de moradia, acolhimento, cooperativas sociais de trabalho e projetos sociais e artístico-culturais. A ênfase não está apenas no tratamento da doença mental, mas na integralidade do sujeito, evitando o afastamento do paciente de sua família e comunidade.

Os serviços substitutivos são considerados estratégicos para a transformação na assistência, visando à melhoria da qualidade de vida das pessoas assistidas. Profissionais de diversas áreas, médicas e não médicas, são incorporados nesse processo, destacando a importância da participação dos atores sociais, como associações, entidades e movimentos sociais. Isso redefine o papel dos profissionais de saúde mental, estabelecendo uma nova relação entre eles e as pessoas em tratamento, agora reconhecidas como sujeitos e protagonistas de suas histórias.

A Dimensão Jurídico-Política destaca que a psiquiatria tradicional, ao encarar a loucura como alienação, degeneração e doença, estabeleceu um estigma que se refletiu nos códigos penal e civil, privando as pessoas internadas em manicômios de seus direitos e cidadania. Legalmente rotuladas como 'inimputáveis', 'incapazes' e 'irresponsáveis', esses indivíduos perdiam não apenas a liberdade, mas também a capacidade de gerir suas vidas.

A Reforma Psiquiátrica no Brasil, representada pela Lei 10.216 de 2001, foi um marco significativo para superar esse estigma. A legislação, conhecida como a Lei da Reforma Psiquiátrica Brasileira, propôs uma mudança no modelo assistencial em saúde mental, reconhecendo e protegendo os direitos das pessoas com transtornos mentais.

O questionamento da ideia de periculosidade foi central nesse processo. A associação automática entre transtorno mental, perda de juízo e ameaça à sociedade levava à interpretação de inimputabilidade e, consequentemente, à internação em manicômios judiciários. O resultado muitas vezes era a imposição de internações prolongadas ou até mesmo vitalícias, sem revisão adequada da condição do paciente.

A dimensão sociocultural, embora apresentada por último, é essencial, pois está interligada às demais. A Reforma Psiquiátrica não se limita a criar um novo modelo assistencial, mas busca a produção de um novo lugar social para as pessoas em sofrimento psíquico.

Para alcançar esse objetivo, é necessário transformar o imaginário social, desafiando os preconceitos e estigmas associados à loucura, transtorno mental ou sofrimento psíquico. Isso envolve mudanças nas representações sociais, nas relações com a loucura e na revisão de valores e crenças que perpetuam estigmas e exclusões.

O contexto histórico do surgimento da Reforma Psiquiátrica no Brasil está intrinsecamente ligado aos movimentos de redemocratização e luta contra a ditadura militar na segunda metade dos anos 70. O Centro Brasileiro de Estudos de Saúde (CEBES) desempenhou um papel central nesse processo, criticando o modelo privatizante, hospitalocêntrico e elitista do sistema de saúde.

Os núcleos de saúde mental, inicialmente organizados por profissionais de saúde dentro do CEBES, proporcionaram uma reflexão crítica sobre as condições da assistência psiquiátrica no país. A aproximação desses profissionais com o movimento Renovação Médica (REME) no Rio de Janeiro foi crucial para o início da Reforma Psiquiátrica no Brasil.

Assim, a dimensão sociocultural da Reforma Psiquiátrica busca não apenas a transformação do modelo assistencial, mas a reconstrução de relações sociais, a revisão de valores e crenças, e a superação de estigmas que historicamente permearam a concepção da loucura e do sofrimento psíquico.

Enfatizando o que foi dito, é preciso destacar alguns fatos históricos legislativos que marcaram a reforma psiquiátrica brasileira.

Conforme Figueiredo (2019) a Reforma Psiquiátrica no Brasil teve sua origem nos anos 80, em meio à reforma sanitária e à criação do Sistema Único de Saúde (SUS) pela Constituição de 1988. A Carta de Bauru de 1987 antecipou essa proposta e foi um marco importante, pavimentando o caminho para a promulgação da Lei 10.2016 em 6 de abril de 2001.

Destacam-se as Conferências Nacionais de Saúde Mental em 1992 e 2001, que foram cruciais para o avanço das propostas relacionadas à formação de recursos humanos, financiamento e controle social na perspectiva do desenvolvimento de serviços abertos de base territorial. Esses serviços, destinados a substituir as instituições manicomiais, propunham um cuidado integral por meio de equipes interdisciplinares, dando origem ao campo da Atenção Psicossocial.

Na primeira década do século XXI, eventos significativos moldaram o cenário da Reforma Psiquiátrica no Brasil. Em 2004, o I Congresso Brasileiro dos Centros de Atenção Psicossocial (CAPS) foi realizado em São Paulo, celebrando os 500 CAPS no Brasil.

Esse número cresceu para quase 2000 em 2018, demonstrando um aumento expressivo em um curto período (FIGUEIREDO, 2019).

Nesse congresso, a Escola de Supervisores foi criada como uma proposta inovadora para estabelecer uma formação permanente dos profissionais e qualificar os serviços. Além disso, foi planejado que esses serviços atuassem como dispositivos matriciais na área da saúde, ampliando para estratégias intersetoriais com assistência social, educação, jurídica e dispositivos de controle social.

Em 2005, uma portaria do Ministério da Saúde viabilizou o financiamento da supervisão clínico-institucional e delineou suas coordenadas para os serviços em fase de implantação. A supervisão clínico-institucional foi estabelecida como um dispositivo permanente dos CAPS, responsabilidade dos municípios no modelo do SUS.

Outras leis e portarias significativas surgiram em decorrência do avanço das políticas públicas em saúde mental. Destacam-se a regulamentação dos Serviços Residenciais Terapêuticos em 2000, a Lei 10.708 de 2003, que instituiu o benefício De Volta pra Casa para pacientes de longa internação, e a criação da Rede de Atenção Psicossocial (RAPS) através da Portaria 3.088 de 2011. Essa última consolidou os dispositivos que sustentam o trabalho de base territorial articulado em redes, fortalecendo ainda mais a efetivação da Reforma Psiquiátrica brasileira.

O percurso da Reforma Psiquiátrica no Brasil é marcado por significativos avanços que transcendem o campo da saúde mental, reverberando nas esferas social, jurídica, política e cultural. Desde seus primeiros embriões nos anos 80 até a consolidação da Rede de Atenção Psicossocial (RAPS), esse movimento representa um compromisso inabalável com a transformação do paradigma manicomial.

O marco legislativo, evidenciado pela Lei 10.216 de 2001, representa a cristalização do compromisso em proteger os direitos das pessoas portadoras de transtornos mentais, redirecionando o modelo assistencial em saúde mental. Esse arcabouço legal, somado à criação da RAPS, impulsionou a substituição progressiva dos manicômios por serviços abertos de base territorial, concretizando o cuidado integral proposto pela Reforma.

As Conferências Nacionais de Saúde Mental desempenharam um papel crucial ao avançar propostas inovadoras, permeando temas como formação de recursos humanos, financiamento e controle social. A emergência dos Centros de Atenção Psicossocial (CAPS) foi um divisor de águas, proporcionando um modelo assistencial mais condizente com a realidade dos usuários, promovendo a integralidade do cuidado.

A criação da Escola de Supervisores demonstrou a busca incessante por qualificação profissional e a consolidação de práticas inovadoras. A supervisão clínico-institucional, incorporada como dispositivo permanente dos CAPS, representou um salto na qualidade dos serviços, integrando dimensões clínicas e institucionais.

Entretanto, apesar desses avanços notáveis, os desafios persistem. A desconstrução do estigma associado à loucura demanda uma reconfiguração profunda do imaginário social, um processo complexo que requer não apenas mudanças estruturais, mas também transformações culturais e educacionais.

A implementação plena da Reforma Psiquiátrica exige esforços contínuos na ampliação e qualificação da Rede de Atenção Psicossocial, garantindo a efetividade dos serviços em todos os cantos do país. Além disso, a articulação intersetorial, proposta desde os primórdios da Reforma, precisa ser fortalecida, promovendo uma abordagem holística que transcenda os limites da saúde.

## REFERÊNCIAS

AMARANTE, Paulo Duarte de Carvalho. **Loucos pela vida**: a trajetória da reforma psiquiátrica no Brasil. 2ª ed. Rio de Janeiro: Editora FIOCRUZ, 1998.

AMARANTE, Paulo Duarte de Carvalho et al. **Autobiografia de um movimento**: quatro décadas de Reforma Psiquiátrica no Brasil (1976-2016). 2020.

BATISTA, M. D. G. Breve história da loucura, movimentos de contestação e reforma psiquiátrica na Itália, na França e no Brasil. POLÍTICA & TRABALHO: **Revista de Ciências Sociais**, n. 40. Pernambuco, 2014. Disponível em: http://www.periodicos.ufpb.br/ojs/index.php/politicaetrabalho/article/view/16690/1117. Acesso em: 20 out. 2023.

BIRMAN, J. A Cidadania Tresloucada. *In*: **Psiquiatria sem hospício**: contribuições ao estudo da reforma psiquiátrica. B. Bezerra Jr. & P. Amarante (org.). Rio de Janeiro: Relume-Dumará, 1992. p. 71-90.

BRASIL. **Lei 10.216**, de 6 de abril de 2001. Disponível em: http://www.planalto.gov.br/ccivil_03/Leis/LEIS_2001/L10216.htm. Acesso em: 15 out. 2023.

DEL'OLMO, Florisbal de Souza; CERVI, Taciana Marconatto. Sofrimento mental e dignidade da pessoa humana: os desafios da reforma psiquiátrica no Brasil. **Sequência**, Florianópolis, n. 77, p. 197-220, 2017.

FIGUEIREDO, A. C. Uma breve revisão da reforma psiquiátrica no Brasil e sua relação com a psicanálise e a psicologia. **Psicologia Política**, v. 19, n. 44, p. 78-87, 2019.

HEIDRICH, A. V. **Reforma psiquiátrica à brasileira**: análise sob a perspectiva da desinstitucionalização. 2007. Tese (Doutorado) — Pontifícia Universidade do Rio Grande do Sul, Porto Alegre, 2007.

MARQUES, Marcelo. Bicho de Sete Cabeças: Entre a Loucura e a Razão. **UFU**, 2017. Disponível em: http://opinativo.jor.br/bicho-de-sete-cabecas-entrealoucuraea-razao/. Acesso em: 10 ago. 2023.

SERAPIONI, Mauro. Franco Basaglia: biografia de um revolucionário. **Hist. Ciência. Saúde**, Rio de Janeiro, v. 26, n. 4, p. 1169-1187, 2019. Disponível em: https://www.scielo.br/scielo.php?script=sci_arttext&pid=S0104-59702019000401169&lng=en&nrm=iso&tlng=pt. Acesso em: 18 out. 2023.

# CAPÍTULO VI

## OS PROJETOS ORIENTADOS NA PRÁTICA EM SAÚDE MENTAL

A Reforma Psiquiátrica brasileira baseou-se na experiência italiana, e houve um fechamento progressivo dos hospitais psiquiátricos, com redução de mais da metade de leitos; bem como a implantação de uma rede substitutiva de CAPS (Centro de Atenção Psicossocial) (BRASIL, 2006). A busca de novos modelos de assistência à saúde decorre deste momento histórico social, onde o modelo hospitalocêntrico não atende às mudanças do mundo moderno e às necessidades de saúde das pessoas. E assim são criados situações e desafios a serem superados a partir da atuação da equipe multiprofissional, que busca vínculo com o indivíduo e com a comunidade (MUNARI; MELO; PAGOTTO; ROCHA; SOARES; MEDEIROS, 2008; BRASIL, 2013).

Contudo, como docente do Curso de Psicologia entendemos que as mudanças na interação com os pacientes devam ser de maneira a formar uma rede capacitada em lidar com todas as demandas, levando o aluno a um processo de interlocução entre a teoria e a prática, com a intenção de extinguir práticas manicomiais.

O ensino de psicopatologia deve ser feito a partir da experiência de acolhimento do sofrimento psíquico, onde os serviços de psiquiatria – não somente a clínica da internação, mas também a clínica aberta, sem reclusão – podem funcionar como importantes campos de prática e transformação, através do compromisso dos alunos com a pesquisa e o desenvolvimento do projeto.

Ao mesmo tempo, é fundamental refletir sobre a história da psiquiatria e das representações sociais que reforçam a exclusão do louco e da loucura. Recolocar socialmente, em convivência, é resgatar uma importante dimensão de nossas práticas sociais, o que, certamente, enriquecerá nossa humanidade. Reavaliar e revalorizar práticas relacionadas às questões que envolvam o ensino da psicopatologia, através do debate profícuo e irrestrito, com foco nesta área do conhecimento.

O contexto histórico da loucura, torna-se na verdade pertinente, visando a utilização de alguns elementos constitutivos da visão sobre ela. O fenômeno sobre a loucura atravessou longos períodos, desde o olhar puro (FOUCAULT, 1977) que, junto ao leito transformado em santuário da investigação, aliou se ao dizer e organizou a sua experiência, delimitando a polissemia do sofrimento no interior do corpo do indivíduo.

Hoje, o estudo da psicopatologia tende a tornar-se um fenômeno social extramuros. Portanto, a partir de uma longa experiência de ensino e assistência nos deparamos, na proposição deste projeto de ensino o qual traz a oportunidade de iniciar o debate sobre esta temática. Sua relevância e possíveis ações dentro do escopo da Psicologia aplicada em Psicopatologia se coloca logo de início uma pesquisa bibliográfica do assunto, depois a escolha da população e o desenvolvimento do projeto orientado e para além disso, a escrita de um artigo científico. Na formação do psicólogo, a disciplina de psicopatologia consta desde o início da criação das faculdades de psicologia que, a partir da década de 1970, expandiram-se em todo o país. Junto com o ideal clínico, a psicologia importou também o modelo médico como ideal de formação do psicólogo.

A disciplina de psicopatologia tem sido lecionada quase exclusivamente por psiquiatras, até mesmo porque, antes, não dispúnhamos de psicólogos capacitados para tal. Suponho ter sido um dos primeiros psicólogos encarregados pela disciplina. Desde o início de minha experiência, procurei aliar o ensino com a extensão junto à serviços de saúde. Trata-se de uma rica experiência interdisciplinar, já que, além do curso de graduação, da supervisão de estagiários e participação em atendimento ao paciente internado, no CAPS e nos ambulatórios. Neste sentido, discutimos todos os procedimentos clínicos: diagnóstico, programa terapêutico, recursos técnicos e institucionais, internação e alta, prognóstico e continuidade do tratamento externo.

Assim, o presente capítulo traz relatos de projetos de pesquisa orientados em contexto acadêmico, desenvolvidos de forma a aplicar de maneira eficiente e crítica aquilo que foi apreendido durante o processo de ensino-aprendizagem. O projeto aplicado na disciplina foi nomeado por mim como "Fortalecendo a Escuta: Intervenções em Saúde Mental por Meio da Prática em Grupo ".

Segue a descrição faseada do projeto.

Objetivo Geral: Desenvolver as habilidades de escuta clínica dos alunos do 8º semestre de Psicologia, proporcionando uma experiência prática em grupo para a compreensão e intervenção em questões relacionadas à saúde mental.

Objetivos Específicos:

Aprimorar as habilidades de escuta ativa e empática dos alunos, promovendo uma compreensão aprofundada das demandas emocionais apresentadas pelos indivíduos.

Proporcionar a vivência prática em situações de grupo, visando a compreensão das dinâmicas coletivas e o desenvolvimento de intervenções específicas.

Estimular o pensamento crítico dos alunos em relação às abordagens teóricas da psicopatologia e sua aplicação na prática clínica em grupo.

Promover a troca de experiências e reflexões entre os alunos, favorecendo o aprendizado colaborativo e a construção coletiva do conhecimento.

Fomentar a conscientização sobre a importância da abordagem em grupo na promoção da saúde mental e na prevenção de possíveis transtornos psicológicos.

Metodologia:

Aulas Teóricas: Inicialmente, serão oferecidas aulas teóricas sobre psicopatologia, escuta clínica, e abordagens em grupo, proporcionando uma base conceitual sólida para os alunos.

Estudo de Casos: Os alunos serão expostos a estudos de casos reais, nos quais poderão analisar e discutir a aplicação prática das teorias aprendidas.

Treinamento em Escuta Ativa: Serão realizadas atividades práticas para desenvolver e aprimorar as habilidades de escuta ativa, utilizando simulações e role-playing para simular situações clínicas.

Desenvolvimento de Projetos em Grupo: Os alunos serão divididos em grupos para planejar e implementar intervenções em saúde mental em um contexto de grupo. Cada grupo deverá apresentar uma proposta que envolva técnicas terapêuticas em grupo.

Supervisão do Desenvolvimento do Projeto: Durante a implementação dos projetos, os alunos contaram com a orientação e supervisão, proporcionando trocas teóricas e direcionamento técnico.

Discussões Reflexivas: Após a implementação dos projetos, são promovidas discussões reflexivas em sala de aula, permitindo que os alunos compartilhem suas experiências, desafios e aprendizados.

Avaliação: A avaliação dos alunos foi realizada por meio da participação nas atividades práticas, apresentação dos projetos em grupo, avaliação do desempenho na supervisão e a produção de relatórios individuais que reflitam sobre o processo de aprendizado e aplicação prática.

Resultados Esperados: Ao final do projeto, os alunos demonstrem uma melhoria significativa em suas habilidades de escuta, compreendam a dinâmica de intervenções em grupo e estejam mais preparados para lidar com demandas relacionadas à saúde mental em diferentes contextos sociais e de forma colaborativa e eficaz. Segue aqui alguns títulos de projetos e suas demandas de forma a exemplificar as práticas destes discentes.

## 6.1 EDUCAÇÃO INFANTIL DURANTE A PANDEMIA

Justificativa

A educação escolar das crianças durante a pandemia tem sido um enorme desafio para a sociedade como um todo, escolas fechadas, sem previsão de reabertura, pais e responsáveis totalmente perdidos com relação a essa problemática.

O objetivo deste foi realizar pesquisas, através de entrevistas com pais, responsáveis e crianças de 4 a 8 anos, para elencar as dificuldades que enfrentam para que esse aprendizado não seja totalmente paralisado, sem estar em um ambiente escolar, mesmo após um possível retorno, que se dará de forma gradativa.

Fez-se necessário uma discussão, após a pesquisa realizada, para que fosse possível elaborar sugestões e técnicas que pudessem auxiliar os pais e responsáveis nesse processo de aprendizagem.

Ao docente do Curso de Psicologia cabe acompanhar o futuro psicólogo em sua construção sobre o sujeito, seus sofrimentos e possíveis caminhos em busca da saúde. Contribuir com sua subjetividade, ampliando assim sua capacidade de escuta. Tal escuta em Saúde Mental, nos coloca diante de nossas próprias questões. Portanto a aprendizagem nos leva por caminhos de reflexão e tomada de consciência sobre a importância do papel social que envolve a profissão escolhida.

Quando a Psicologia se consolida como uma prática reflexiva, para além do modelo biomédico, estimulamos os discentes a estabelecerem uma relação empática diante das idiossincrasias da vida de cada sujeito. Desenvolvendo assim habilidades para um acolhimento adequado aos grupos e percepções de trabalhos em suas realidades.

A construção dos projetos torna-se uma experiência rica, por se tratar de um aprendizado da de sofrer alterações tanto positivas quanto negativas, como mostram vários estudos, mesmo quando o aluno esbarra em comportamentos humanos como a timidez ou a teimosia, por exemplo, que são difíceis de mudar, por constituírem traços da personalidade. Essa possibilidade de alteração indica a possibilidade de desenvolver estratégias educacionais de autoconhecimento, incluindo o reconhecimento das próprias limitações.

Segundo os estudos da Neurofisiologia, é possível estimular a empatia também pelo exemplo, ou seja, observando a atuação de outra pessoa. Os neurônios espelho, acionados espontânea e involuntariamente, permitem reproduzir o comportamento por imitação. Esse conhecimento pode ser explorado em diferentes atividades pedagógicas de observação com diferentes focos. Como por exemplo a escuta, reflexão, aprendizado sobre as doenças mentais, demências, luto, sexualidade, grupos minoritários, preconceito, suicídio e tantas outras aflições presentes na vida humana.

É importante salientarmos que a aprendizagem acontece de forma diferente em adultos de forma que os resultados colhidos com nossos Projetos Integrados Orientados em Saúde Mental apresentaram níveis de função e aplicabilidade diferentes, sendo uns mais de acordo com nosso propósito, como estes apresentados neste livro.

Ainda que tenhamos um número grande de possibilidades diante da Saúde Mental e suas práticas para além muros e instituições. Os resultados apresentados pelos alunos, e os depoimentos feitos por estes, demonstram o quanto desenvolverem projetos propiciou uma maior aproximação de si mesmo, de seu grupo de trabalho e da realidade dos sujeitos escolhidos, fundamentalmente sobre a escuta, o respeito e a empatia norteadores essenciais para a prática do psicólogo.

Todo psicólogo é um profissional formado no social; isso significa que é sobretudo no ambiente acadêmico, que o desenvolvimento de múltiplas habilidades ocorre. Desta forma, os indivíduos de alto nível profissional precisam não apenas de habilidades técnicas, mas também de competências comportamentais. Isto é, capacidade social de lidar com as demandas das situações interpessoais, tornando as relações mais efetivas, produtivas e duradouras. Para tanto, é preciso aptidão para articular emoções, pensamentos e atitudes em relação às circunstâncias e às metas pessoais e seu desenvolvimento profissional.

# CONSIDERAÇÕES FINAIS

Ao concluirmos este mergulho profundo nos temas abordados neste livro, é imperativo refletirmos sobre os desafios e as possibilidades que a saúde mental nos apresenta. O trajeto desde a "História da Loucura" até os "Projetos Orientados na Prática em Saúde Mental" revelou uma paisagem complexa, dinâmica e multifacetada.

A análise da história da loucura nos fez confrontar nossos preconceitos e concepções prévias sobre as condições mentais. As atitudes sociais e as práticas ao longo do tempo destacam a importância de questionar e desafiar estigmas persistentes, buscando uma compreensão mais ampla e inclusiva.

O mergulho nas nuances dos transtornos mentais, desde a ansiedade até os distúrbios do neurodesenvolvimento, destacou a complexidade dessas condições. A compreensão dessas nuances é relevante para a individualização do tratamento, mas também ressalta a necessidade de um enfoque holístico e interdisciplinar.

A análise da instituição manicomial nos incentivou a questionar o papel dessas estruturas no tratamento da saúde mental. A compreensão histórica nos leva a ponderar sobre como as práticas passadas moldaram a abordagem contemporânea e como podemos evoluir além dos modelos tradicionais.

Os modelos terapêuticos, incluindo a comunidade terapêutica e o ambiente terapêutico "Milieu", oferecem abordagens inovadoras, mas também suscitam questionamentos sobre sua aplicabilidade generalizada. Como esses modelos podem ser adaptados e integrados de maneira eficaz na prática clínica moderna?

A crítica ao modelo manicomial e a análise da reforma da psiquiatria brasileira revelaram o dinamismo necessário na abordagem da saúde mental. No entanto, a implementação dessas reformas enfrenta resistências e desafios. Como podemos superar essas barreiras e efetuar mudanças sustentáveis?

Os projetos contemporâneos apresentados, como a educação infantil durante a pandemia e as oficinas de divulgação científica, indicam um movimento em direção à inovação. No entanto, provocam reflexões sobre como garantir a acessibilidade e a eficácia dessas práticas em diferentes contextos e comunidades.

Este livro busca não apenas informar, mas provocar. Desafia os leitores a reconsiderar concepções arraigadas, a questionar práticas estabelecidas e a vislumbrar novas possibilidades na promoção da saúde mental. O desafio persiste: como podemos, coletivamente, construir um futuro onde a saúde mental seja entendida, tratada e promovida de maneira mais eficaz e compassiva? As respostas estão em constante evolução, e cabe a cada um de nós, como leitores e agentes de mudança, contribuir para esse diálogo em andamento.